園行事を「子ども主体」に変える!

編著●大豆生田啓友

11か園の
リアルな実践記録

チャイルド本社

国立あおいとり保育園

　現在、日本の幼児教育・保育は大きな変革期にあります。特に３法令の改訂（定）以降、子ども主体の質の高い保育への関心が大きく注目されているのです。そして、この企画が進んでいる真っ最中に新型コロナウイルスという難題が世界を覆いました。それは、保育にも大きな難題を持ちかけたのです。多くの現場で、とても苦労され、それは現在も終わっていません。しかし、このピンチをチャンスに変えようとする動きが起こったのです。

　運動会などの行事は三密状態を作ることになります。そこで、これまでの運動会のあり方を見直し、これを機に子どもの声を聞き、子ども主体のあり方を模索する園がたくさん出てきたのです。これまで、練習、練習で華やかな成果を「見せる行事」が、子ども主体の保育のネックになっていると多くの現場の先生方からお聞きしてきました。それが、変化し始め、保護者も子ども主体の運動会をとても満足したのです。それは、子どもたち自身のワクワクする声が、保護者にも伝わったからだと思われます。動画の配信を行った園では、保護者になお好評だったようです。

　このように、子ども主体の保育への転換は全国的に大きな動きになっています。行事を見直したことをきっかけに、子どもがワクワクする、保育者がワクワクする、保護者がワクワクする手ごたえを得た園は、さらに子ども主体の保育へと動き出しているようです。そうした子ども主体の行事の取り組みの実践事例をここに集めてみました。なるほど、そんなアイディアもあるのかとまねしてみたい事例が満載です。ぜひ、ご活用ください。

玉川大学教授　大豆生田啓友

幼保連携型認定こども園
順正寺こども園

園行事を「子ども主体」に変える！
11か園のリアルな実践記録

もくじ

　この本は、発刊が決まり、園への取材を進めている途中に新型コロナウイルスの流行に見舞われました。そのため、取材を予定していた各園でも、行事が中止になったり、従来の形では実施できなくなるなどの事態が多く起こりました。

　そのような理由で、本書で紹介している事例のなかには、コロナ禍以前の行事を紹介したものもあり、また、コロナ禍という特殊な状況を受けながらの取り組みもあります。

　いずれの園でも、子ども主体の保育・行事への取り組みは継続中で、今後もさまざまな姿に変化していく途上にあります。ここで紹介した行事や保育の様子は、最新の姿とは異なることをご承知のうえ、ご覧いただけますと幸いです。

　また、<行事を子ども主体で>というテーマの特性もあり、5歳児が中心になった事例が多くなっています。それぞれの事例で、その行事の全体像をご紹介できていないことも、あわせてご承知いただければ幸いです。

　コロナ禍において、いつも以上にお忙しいなか、リモート取材やメール、お電話での問い合わせ等に快くご対応くださいました園の先生方に、心より御礼申し上げます。

編集部

本書の事例の見方

以前行っていた行事の姿や、行事の変遷などを解説しています

「子どもたちは」「保育者は」「保護者は」の3つの視点で、行事で生まれた変化や姿を考察しています

紹介する事例のコンセプトを紹介しています

行事の取り組みを、時系列やクラスごとなどで紹介しています

大豆生田先生からのコメントです

1 園行事の考え方

1. いま、求められる質の高い保育

（1）保育の質の向上とは？──子ども主体の保育へ

「保育の質」とは何か？

　現在、保育の質向上が求められています。そもそも、「保育の質」とは何でしょうか？　これを一言で答えることは簡単ではありません。保育の質にはさまざまな側面があるからです。よく、保育の質には、「構造の質」と「プロセスの質」（あるいは「実施運営の質」）があることが言われます。

　「構造の質」とは、「物的環境（園舎や園庭、遊具や素材・教材等）、　人的環境（保育者の養成と研修、保育者と子どもの人数比較、クラスサイズ、労働環境等）」です。もう一方の「プロセスの質」は「子どもたちの育ちをもたらす、安心感や教育的意図等を含み込む、保育者や子どもたちの関係性」のことです。それから、「実施運営の質」はその保育を支える「園やクラスレベルの保育計画、職員の専門性向上のための研修参加の機会、実践の観察・評価・省察の確保、柔軟な保育時間等」を指します（OECD2006）。それぞれの園で高めることができるのは、主に「プロセスの質」と「実施運営の質」です。

　厚生労働省の「保育所等における保育の質の確保・向上に関する検討会」では、そうした保育の質とは何か、保育の質の確保・向上に向けた取り組みのあり方、今後の展望について議論を行いました。その結果がp.9の図表1です。そこでは、「子どもにとってどうか」という視点が、保育の質を考える上での基盤であることがあげられました。子どもを中心に、子どもの視点から保育を考える、つまり、「子ども主体」であるということです。

「子ども主体の保育」とは何か？

　では、子ども主体の保育とはどのようなことでしょう。それは、この図表1の「我が国の保育所保育の特色」に記された、「遊びの重視」「一人一人に応じた関わりや配慮」「子ども相互の育ち合い等」がキーワードとなるでしょう。この検討は保育所保育を中心に行っていますが、それは幼稚園や認定こども園も同様だと考えられます。

　第一に、「遊びの重視」です。子どもは自分が好きに選ぶあそびを通して、環境にかかわり、自分の世界を自ら広げていきます。ここに、小学校以上とは異なる教育方法の特色があるのです。子どもは「させられて」学ぶのではなく、自らの興味関心を通して自分の世界を広げていくことができるのです。

子どもの「やってみたい」という気持ちが保育の出発点で、ここに、子ども主体の保育の特徴があります。

第二には、「一人一人に応じた関わりや配慮」です。子どもは一人一人、個性や発達も異なります。そのため、一人一人に応じた受容的で、応答的なかかわりが重要になります。一見、「わがまま」や「乱暴」「消極的」などと見える姿のなかにも、その子の思い（つまり主体）が隠されています。ですから、その思いに即したかかわりが求められるのです。そして、保育者との安心した関係性（アタッチメント）を基盤に主体性がより発揮されていきます。

第三には、「子ども相互の育ち合い等」です。園は子どもの群れの場です。子どもは保育者の存在に加え、友達の姿を通して、それをまねたり、刺激を受けたりして自分の世界を広げていきます。それが、育ち合いです。運動あそびが苦手な子どもも、友達が運動あそびを魅力的に行っている姿を見て、自らやってみようという思いが生まれたりします。これは、保育者が無理に苦手なことをトレーニングさせようとするよりも、はるかに効果的です。だから、相互性を通した主体性が大切なのです。

〈図表1〉

保育所等における保育の質の確保・向上に関する検討会　議論のとりまとめ【概要】　厚生労働省
2020（令和2）年6月26日

1. 保育所等における保育の質の基本的な考え方

| 我が国の保育所保育の特色
（遊びの重視・一人一人に応じた関わりや配慮・子ども相互の育ち合い等） | 保育の現場において求められること
（保育所保育指針の理解と実践、職員間の連携・協働やマネジメント等） |

保育の質は、子どもが得られる経験の豊かさと、それを支える保育の実践や人的・物的環境など、多層的で多様な要素により成り立つ。
（保育の質を捉えるに当たり、「子どもにとってどうか」という視点を基本とする・一定の水準で保障すべき質と実践の中で意味や可能性を追求していく質の両面がある・様々な文脈や関係性を考慮することに留意）

2. 保育実践の質の確保・向上に向けた取組のあり方

保育の質の確保・向上に向けた取組が実効性あるものとなるよう、関係者が共通理解を持って主体的・継続的・協同的に改善・充実を図ることが重要。

①保育所保育指針を共通の基盤とした取組	●評価・研修等様々な取組を、関係者間で理解を共有し一貫性をもって実施
②組織及び地域全体での取組	●保育士一人一人の主体的・継続的な参画と、そのための職場の環境づくり ●地域において、各現場のリーダー層や職員が互いに学び合う関係の形成
③多様な視点を得る「開かれた」取組	●現場間で保育士等が互いに保育を見合い対話する機会の充実・促進 ●保育に関する様々な立場からの多面的・多角的な検討の実施・普及
④地域における支援人材の確保・育成	●現場を支持的・協同的に支援し、地域的な取組の中核を担う人材の配置
⑤地域の取組と全国的な取組の連動	●現場の保育士等と地域の学識経験者等が協同的に関わる取組の実施 ●各地の事例や意見等を全国的に検討・協議する仕組みの構築

3. 今後の展望

今後、保育の質の確保・向上に向けた一連の取組を進めるに当たっては、国や地方自治体において、以下の施策を行うことが重要。

●保育所保育に関する理解を広く促進するための周知・啓発
●「保育所における自己評価ガイドライン（2020年改訂版）」に基づく保育内容等の評価の充実　●地域におけるネットワークの構築推進
●キャリアアップ研修等、保育士等の資質・専門性向上の機会の確保・充実　●関係者間の情報共有・意見交換の場づくり

※今後検討すべき事項として挙げられた「3歳未満児の保育」「移行期の保育と接続」「特別な配慮を必要とする子どもの保育」「保護者に対する子育て支援」に関しては、調査研究と実践を連動させながら継続的に情報共有や理解促進を図る。

（2）保育の質を高めるために

子どもの姿ベースの保育へ

　保育の質向上、子ども主体の保育を行うためには、何が必要なのでしょうか。これまでも述べたように、「子どもにとってどうか」が基盤となることです。そのためには、子どもの姿から、子どもはどのような気持ちなのか、何に興味を持っているのかを読み取る「子ども理解」が大切になります。それは、先生方が行っている毎日の子どもの姿の保育記録や「振り返り」のなかにあるのです。

　最近では、写真記録（ドキュメンテーション）も広がってきました。毎日、写真を撮って今日のポイントとなるような姿を何枚かピックアップし、そこにコメントやエピソードを書くのです。そのなかで、「最近、Aちゃん、ひっかきが多いな。なんか思いきり遊べていない気がする。じゃあ、明日、少し外あそびを充実させようかな」とか、「Bちゃん、Cちゃん、Dちゃんと外に基地が作りたいって言っていたな。明日、どのようなイメージか、あるいはどんな材料や道具が必要か聞いてみようかな」など、と書いたりします。

　今日の子どもの姿を振り返るなかで、明日の計画（保育者のかかわりや環境構成）などが生まれてきています。これが、子ども主体、子どもの姿ベースの保育なのです。つまり、週案や月案で決まった計画を下ろすのではなく、子どもの姿から、明日（あるいは来週、来月）の保育を作っていくのです。子どもの姿ベースの振り返りのサイクルが不可欠です。それは、下の図表2にあるように、保育の質向上に必要な「自己評価」のサイクルそのものなのです。

　子ども主体の行事を作っていく上でも、このように子どもの興味関心などの姿が基盤となっていくのです。

〈図表2〉

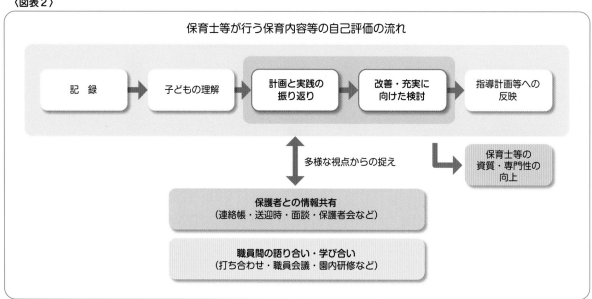

保育所における自己評価ガイドライン（2020年改訂版）p.9／厚生労働省

「語り合う」風土の形成へ

　そして、そのような子ども主体の保育を行っていくためには、図表2にあるように「職員間の語り合い・学び合い」が不可欠です。子どもがワクワクし、保育者がワクワクしている園は、保育者同士が、子どもの姿をよく語り合っているのです。それを、「語り合う風土」と呼んでいます。

　そうした園では、若手保育者も、中堅も、ベテランも、みんな子どもの姿を語ります。だから、「今度の運動会では、〇〇してみたい」など、自由にやってみたいことを語ることができるのです。また、保育者同士の人間関係が良好で、互いが支え合う関係があるのです。だから、保育者が保育を楽しいと感じることも多くなります。しかし、園内に子どもに「させるべき」決まったルールが多かったり、上下関係が強かったりすると、こうした自由に語り合う風土は生まれてきません。つまり、子ども主体の保育が実現しにくいのです。

　また、保護者との関係も大切です。しかし、保護者へのサービスが第一になってしまうと、保護者の顔色を見て、保護者が喜ぶような活動や行事を行いがちになります。それは、子ども中心ではありません。行事の前になると、練習、練習で、保育者が大きな声で子どもを動かしたり、叱ったりするような園も出てくるのです。保護者に見せるための行事は、保育者も、それは決して幸せではないでしょう。

　しかし、保護者が求めている姿は必ずしもそういうものとは限らないのかもしれません。しっかりと、子どもの興味関心が活かされた保育をし、そこでの子どもの育ちを保護者に発信（見える化）していくと、保護者も主体的な学びの重要性を知る機会となるのです。子ども主体の行事で、子どもがいきいきと活動する姿に、保護者も理解を示していくようになるのだと思います。

2. 園行事をどう考えるか？

（1）園行事とは何か

「行事」とは何か

　そもそも、「行事」とは何でしょう？　「行事」には、大きく分けて4つの種類があると言われます。それは、「園行事」「伝承行事」「社会的行事」「宗教行事」などです。

　「園行事」とは、園で行う行事を総称したもので、小学校以上の学校行事などと重なるものもあるし、保育の場独自のものもあります。具体的には、入園式や卒園式、誕生会、運動会、造形展、遠足などの他、季節などの伝承行事や、国で制定した記念日などの社会的行事、クリスマス会などの宗教的な行事などがあります。

　「伝承行事」とは、国やその地域などで受け継がれてきた祝い事を盛り込んだ園の行事です。具体的には、正月、節分、ひな祭り、端午の節句、七夕、月見、地方祭などの行事があげられます。

　「社会的行事」とは、国で制定した記念日や記念習慣の中から園行事として取り入れている園の行事です。具体的には、母の日、父の日、歯と口の健康週間、敬老の日、スポーツの日、勤労感謝の日等の行事があげられます。

　「宗教行事」とは、仏教、キリスト教、神道など、その宗教行事に添った園の行事です。仏教であれば花まつり、キリスト教であればクリスマスやイースターなどの行事があげられます。

幼保連携型認定こども園 石動青葉保育園

「行事」を行う意味

　このような行事を行う意味には、多様な側面があります。

　第一には、子どもの成長の節目を確認し、祝うという意味があるでしょう。誕生会などはその代表的な行事と言えます。毎年、その誕生日や誕生月にその子の成長をみんなで喜び、祝うのです。また、毎年行われるさまざまな行事において、「今年は、昨年に比べてこのような姿に成長したね」とみんなでその成長を確認し、喜ぶ場となります。

　第二には、季節を感じたりするなどを通して、四季の移り変わりを実感したり、自然の恵みなどに感謝する機会にもなるでしょう。行事全体が、季節と結びつき、四季を実感する機会にもなるでしょう。また、収穫祭などを行う園もありますが、季節の自然の実りを収穫し、それをいただきながら、喜びを感謝する機会にもなります。

　第三には、自分の身近な人への感謝、神様や仏様への感謝、自分の住んでいる地域への愛着を感じる機会にもなるのです。高齢者や地域の人との交流や感謝、保護者への感謝（最近では、父の日、母の日とはしない園が増えています）などの機会にもなっています。宗教行事のある園では、自分が神様や仏様など、偉大な存在から愛されていることを知る機会ともなっているでしょう。

　家庭や地域の子育て機能が縮小化する中で、園における行事のもつ役割はかつて以上に重要になっているのです。現代においては、伝統的な行事を継承していく場が園だとも言えます。

日本における行事観

　日本人の伝統的な世界観として、「ハレとケ」という概念があり、「ハレ」が年中行事などの非日常で、「ケ」が日常の生活を指すものです。保育においても、日々の保育と行事の関係を「ハレとケ」に例えられることもあります。ただ、現代では「ハレ」と「ケ」の概念は曖昧になっていると言われますが、保育においても行事ではなく、日常のあそびを中心とした生活が「晴れ舞台」になることもありますから、必ずしも当てはまらないのでしょう。

　また、運動会など日本の学校や園の行事のなかには、明治時代に軍事訓練を目的として生まれたものが、現代に残っているという側面もあります。号令で規則正しく集団を動かすための訓練という要素がそこにあると言われています。並んで行進するなどはその一例と言えるでしょう。民主的な社会を作る場としての保育において、行事がもつ、日本的なよさと課題を見極めていくことが、いま、必要とされているのだと思われます。

＊参考文献　森上史朗・柏女霊峰編『保育用語辞典（第8版）』ミネルヴァ書房、2015年

（2）「行事中心保育」の課題

「行事中心保育」とは何か

　これまで述べてきたように、園行事には本来、大切な意味や意義があり、現代において園での行事の役割は大きなものとなっています。しかし、行事を中心に年間の保育を組み立ててしまうことによる課題が、日本の場合は少なからずあるのです。それは、「行事中心保育」とも言われています。

　保育における計画とは、子どもの視点に立ち、その成長発達や、季節や時期にふさわしい行事を年間や期や月の計画を立てていくべきなのです。しかし、そうではなく、「行事ありき」で年間や期・月の計画が組み立てられていく保育スタイルがあるのです。それは、行事を中心に保育の計画が立てられているので、保育者は常に行事に向けた準備のための保育となっていきます。

　そうなると、子どもも保育者も、行事のために「しなければいけない」ことに一年中の保育が追われることになるのです。それは、単に忙しいというだけではなく、子どもに「させる」内容が決まっている場合も多く、それを「こなしていく」ことが日常の保育となってしまうのです。そのような保育スタイルでは、子どもが自分で選ぶあそびの時間はあまりとることができなくなります。そして、子どもの主体性を重んずる保育が保障できなくなるのです。また、保育者も日々、子どもに「させなければいけない」ことが多くなり、保育が形骸化するだけではなく、忙しく疲弊し、イライラすることも多くなる傾向になります。

「見せる行事」への保護者のニーズ

　多くの園では、行事中心の保育に課題を感じながらも、なかなか変えられないという声を聞くことが少なくありません。その背景には、行事を中心とした保育は、保護者からの要望があるということです。例えば、発表会での大人も顔負けのすばらしい劇発表や、鼓笛隊やマーチングバンドなどでの一糸乱れぬ演奏など、保護者が感動し、涙することも少なくありません。その準備のためには、子どもは毎日繰り返し一斉練習を行い、保育者はその演出のために遅くまで残って準備をするということもあるようです。園を選んでいる保護者からすれば、そのような行事があることが、園選定の理由になっていることも少なくありません。それを見直すとすれば、それなりの説得力ある説明が必要になることになり、それが大きなネックとなっているようです。

谷戸幼稚園

行事中心保育への葛藤

　若手の保育者は、保育者養成校で「教育要領」や「保育指針」の子ども主体の保育について学んできますから、行事中心の保育への疑問をもつことは少なくありません。しかし、なかなか園の保育を変えることは簡単ではありません。また中堅やベテランなど、このような保育スタイルを行ってきた保育者にとってもまた、葛藤も少なくないようです。外部研修で子ども主体の保育の意義を聞く機会も多くギャップを感じることも多いと思うのですが、自分のこれまでやってきた保育を否定されるような思いや、変化することの負担の大きさなどから、保守的にならざるをえないなど、行事を見直すことが難しい現実があるのかもしれません。きっと、多くの保育者が行事中心の保育への葛藤があるのだと思います。

　いま、子ども主体の保育、保育の質向上があちこちで叫ばれるようになり、子どもの視点に立った保育のあり方の動きが大きくなっています。そして、外部研修などでもワークショップ型も増えて、少しずつ自分たちの保育を見直していこうとする動きが起こっています。一気に保育全体を変えなくても、少しずつ見直していこうとする流れです。それはどこの園でも可能なのだと思います。一歩を踏み出した園や保育者は、保育の楽しさを実感し始めているようです。きっと、いまが、その葛藤を乗り越える大きなチャンスなのだと思います。

（3）子ども主体の「21世紀型」の行事への一歩

「21世紀型」モデルの保育と行事

　昭和の時代は、戦後の学校教育モデルを引きずりながら、受験戦争を勝ち抜いて成功を目指すような、集団画一型の保育が一般化しました。しかし、現在、平成の時代も終わり、これからは「昭和型」の一斉画一型の教育・保育モデルから、主体的で、対話的で、深い学びが求められる「21世紀型」の保育モデルが求められています。

　これまで、子ども主体の保育への転換への大きなネックとなってきたのが、行事中心の保育だと言われてきました。そのあり方を見直す重要な時期なのだと思います。21世紀型のキーワードは、昭和型が集団・一斉・画一だとすれば、主体性、協働性、対話、探求などだと思います。そうした点から、行事を見直していくことがカギだと思います。ここで大切なのは、誰のための行事か、という視点です。子どものための行事です。そうであれば、「子どもにとって」という視点からの見直しが求められます。

他園の行事を参考のモデルに

　子ども主体の保育や、行事の見直しの参考になるのは、他園での実践例です。まずは、他園の実践例から、自分の園でできそうなところから活用してみるのがよいでしょう。本書は、そうしたさまざまな園での事例を紹介させていただいていますから、参考にしてください。

　また、自治体や団体などの外部研修では、他園の実践の取り組みの発表を聞いたり、グループで実践を語り合うようなワークショップ型のものが増えてきました。こうした研修の場も参考になるでしょう。また、自分の園が目指すような園の保育を見学させてもらうのもよいでしょう。特に行事などは保護者や地域の人に公開している園も多いので、見せてもらいやすいかもしれません。そうしたモデル園の見学を参考にして、見直しを行っていくのもよいと思います。

園内での語り合い

　園内で語り合う時間を作ってみましょう。まずは、他の園の取り組みを参考に、こんなふうにしてみたい、ここは自分の園でもまねできそうなど、自分たちがやってみたいこと、できそうなことを出し合ってみてはいかがでしょう。きっと、先生たちが、期待で気持ちがワクワクしてくると思います。付箋紙などを使って、一人一人の先生が、自由に書き出してみてもよいでしょう。付箋紙を使うことで、

経験年数関係なく、自由に自分のやってみたいことが書き出しやすくなると思います。それを、ホワイトボードなどに貼り出し、似たような内容のものを分類分けして、その分類したグループの共通項に名前を付けてみると、全体の傾向が見えてくると思います。まずは、そのように「見える化」したものを、全体で確認してみましょう。

　次に、その年齢や時期の子どもたちにとって、ふさわしい行事のねらいを話し合ってもよいかもしれません。年長児の発表会であれば、自分たちで主体的に話し合ったり、友達と協力をしたり、達成感を味わってほしいなどが出てくるかもしれません。これまで、決まった劇や合奏を一方的にさせていたのであれば、そのねらいに即して見直してみることもよいでしょう。そして、最初に考えた、やってみたいこと、無理なくできそうなことと合わせて考えてみるのです。そうすると、より具体的になってくると思います。これも、出された意見を書き出して、整理して、見える化するとよいでしょう。

　この話し合いでは、園長・主任などのリーダー層の役割が重要になります。従来型に固執せずに、いかに職員の声を上手に反映できるかが重要です。それは、トップダウン型の話し合いではなく、ボトムアップ型の話し合いです。ただし、あまり一気に変えるとなると、そのギャップも大きくなるので、「今回はここまでしてみようか」など、状況に応じたマネジメントも必要になるかもしれません。

幼保連携型認定こども園 順正寺こども園

17

保護者への発信の工夫

　実際に、行事を見直すにあたって、保護者への説明がとても重要になります。まず、この前提として、日頃からの信頼関係が重要になります。信頼関係ができていれば、行事の見直しについても、比較的、受け入れてくれるところもあるかもしれません。ただ、どちらにしても、園長などの園のリーダーが丁寧にその理由と意義を説明する必要があるのだと思います。多くの園では、そのプレゼンをとても丁寧に行っているようです。

　その上で、さらに重要なのは、その行事に向けた子どもの姿です。例えば、運動会に行う種目について自分たちで準備を行う姿がとても楽しそうで、家でもずっとその話をしているとすれば、「させる行事」よりも子どもたちが自分たちで「主体的に作っていく行事」がいかに大切か、実感をもって保護者に伝わっていくでしょう。

　また、写真記録（ドキュメンテーション）などで、子どもたちが種目について話し合ったり、それを工夫して行う様子が毎日のように発信されると、そのプロセスが伝わり、より説得力をもつことができると思います。

保護者の参加の工夫

　また、このような行事は、子ども主体であると同時に、保護者の協力や参加のもとで協働的に作っていきたいものです。しかし、ただ、協力や参加を呼び掛けるだけではなかなかうまくいきません。そこで、先に述べたような、行事を作っていく子どもたちの様子のプロセスが、写真記録（ドキュメンテーション）などで保護者に伝わっていくことが、重要な役割をなすことになるのです。

　例えば、発表会で子どもたちの興味から恐竜の世界を作りたいと言って恐竜について調べたり、大きな恐竜作りを行っているとした場合、その試行錯誤のプロセスが写真で保護者に発信されます。そして、子どもたちも家でその様子を意気揚々と話すことでしょう。そうすると、なかには親子で図鑑やインターネットで調べてみたりして、そのことを園に持ち寄るなどの姿も生まれてきます。さらに、そうした様子が見えると、恐竜好きの保護者が協力してくれるなどの姿が自然と生まれやすくなるのです。

　こうした、子どものワクワク感が保護者に伝わることにより、これまでの「見せる行事」から、保護者の「参加したくなる行事」へと繋がっていきます。おそらく、従来型の「見せる行事」よりも保護者の満足感も高まり、子どもも、保護者も、園も、みんなが恵みを得ることになるのです。

2 子ども主体の園行事の取り組み

運動会

幼保連携型認定こども園
石動青葉保育園
〈富山県小矢部市〉

園長　井幡清志

子ども一人ひとりの成長にとって意味のある運動会であるために

行事はできるだけ絞り込み、やるからには時間をかけて、たっぷり楽しむ。

昼食や午睡の時間や量も、乳児の頃から子どもが自分で決めるという石動青葉保育園の日常は、
生活のひとコマひとコマが子ども主体で進んでいきます。

一人ひとりが充実した生活を送ることを目指す日常に対し、行事は、友達と力と心を合わせて一つのことに取り組む場。
心の経験の幅や動きも大きくなります。

だから、行事も子どもたちが成長するために必要なものと考え、しっかりと時間をかけてつくっていくのです。

以前は、こんな
運動会でした。

子どもをがんばらせるのではなく・・・
子どもが楽しみながらがんばってしまう運動会へ

以前は、地域全体の取り組みに応じた鼓笛隊がありました。衣装や楽器の寄贈を受けて始まり、運動会でも当たり前のようにやっており、保育者も含め、見た人は「感動した」と喜んでいました。

しかし、5歳児でも、鼓笛隊をするには、かなりの練習が必要です。大勢で隊形を組み、歩きながらリズムをとって演奏することは、小学生になったらわりとすんなりできます。それを幼児期に訓練して達成することが保育と言えるのか。それよりも、子どものいきいきとした姿を見てもらう運動会に変えようと考えました。2010年のことです。

鼓笛隊は運動会が終われば、それっきりでした。今は運動会が始まる前も、終わってからも、運動会の種目にかかわるあそびは、一年中でも子どもたちの間で自然と繰り広げられています。それが全てを物語っています。

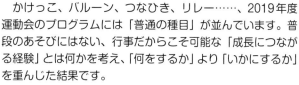

子どもの
いきいきとした心が
躍動している運動会

子どもの心が動くことを
いちばん大事に
「あおば うんどうかい」

かけっこ、バルーン、つなひき、リレー……、2019年度運動会のプログラムには「普通の種目」が並んでいます。普段のあそびにはない、行事だからこそ可能な「成長につながる経験」とは何かを考え、「何をするか」より「いかにするか」を重んじた結果です。

できばえや演出に力を入れると、「子どもの心」が後回しになりがちです。「普通の種目」のなかで、その子その子の成長や発達に応じた自ら楽しんでがんばれるやり方、進め方をしていくことに力点を置いているので、いきいきとした多様な子どもの姿や表情が見られます。

Let'sチャレンジ
（5歳児）

　子どもたちの選択と決断を大切にし、一人ひとりが自分で立てた目標に向かって挑戦してきた技を見てもらう種目です。何をするかも、いつ何を練習するかも自分で考えて決めています。チャレンジする鉄棒の回り方、回数、竹馬の高さ、下駄で進むコース、フラフープの技などそれぞれに工夫し、自分と向き合いながら練習してきました。練習のときはもちろん、当日も、演じる準備から演技した後の片付けまで、全部自分たちでやりきります。

天狗の下駄は、高さもいろいろ、コースも複雑です。

大人サイズのフラフープ

大縄跳び

バルーン（3〜5歳児）

　子どもたち、保育者が楽しめることを第一にし、また体力や経験を考慮し年齢に応じたバラエティももたせながら、日頃の異年齢での活動そのままに3歳児から5歳児までが力を合わせて行えることを重視して構成します。大人の指示で動くのでは楽しくないので、「見せ場」や工夫のしどころ、難しいところを子どもたちが理解して取り組めるようにしています。自分で周りの様子を見たり感じたりしながら、その時その時の自分の持ち場、動きを見極めている姿が見られます。当日も十分に楽しんでしている様子が、見た人の印象に残るようです。

おうえん合戦

子どもたちの運動会への意気込みが盛り上がって始まった応援合戦。赤組、白組が決まると、すぐに応援グッズ作りが始まります。勝負に勝つには何が必要か、子どもなりにいろいろ考えているため、応援には力が入ります。

大太鼓で応援の言葉のリズムをリードします。全体に影響する難しさがあるので、まずやりたい子たちが自主練習を重ねたうえで、誰が担当するか、みんなが話し合って決めています。

応援の言葉は、アイディアを出し合って、どれを採用するかをみんなで決めます。応援リーダーは、採用された言葉の発案者と、それを一緒に言いたい人が年齢に関わりなく組になって言います。

リレー（4歳児の希望者＋5歳児）
つな引き（年少以上）

練習を通して勝った嬉しさ、負けた悔しさ両方をたっぷり味わい、子どもたち自身が勝敗を分析し、勝つための作戦をし工夫を重ねているので、毎回心が大きく動きます。相手の気持ちも考えながら取り組むうち、結果だけでない競い合うことのもついろいろな価値を知り、多様な視点から物事を見つめる経験にもなります。

反省会

運動会が終了すると、午後は職員の反省会がもたれました。昼食をとりながら、運動会で、一人ひとりの子どもが見せた表情や様子を振り返り、話し合います。運動会本番で泣いてしまう子の話題から始まり、そのとき保育者はどうすべきだったかについて、細かく検証しながら話し合いが続きました。

クラスの出来栄えがどうかという話は全くなく、一人ひとりがどんな姿だったか、どんな取り組みをし、この期間を通じてどんな経験をしたのかが話題の中心です。『運動会』という行事ですが、日頃から子ども一人ひとりの『心の動き』を大切に考え、様子に応じて当日までの進め方を修正していきます。それによって、その子がどう成長し、どう心の領域を広げていくかが変わってくるからです。

反省会では、その軌跡をたどり、保育者それぞれの見た姿を共有しながら、一人ひとりの子どもたちの経験したことを園全体で確認して、日常の保育にとっての次なる課題を明らかにしていきます。

 普段のあそびとは違う関係のなかで成長する

　私たちの園は、3〜5歳児が共に生活しています。日常生活のなかでも、子ども同士さまざまなぶつかり合い、心の葛藤を経験しますが、運動会は、それをよりダイナミックに味わうことができます。異年齢保育は、大きい子が年下の子の世話をするというイメージをもたれがちですが、それでは小さい子が力を発揮する機会が損なわれ、本当の助けになりません。子ども自身が成長の道筋を学び、どのような関わりがお互いの成長につながる助けになるのかを知っていきます。普段は子どもが気の合う子と自由にあそびますが、行事のときはそれに囚われないさまざまな関わりが生まれ、大勢でよりダイナミックな取り組みがあることで、子ども同士の関係に広がりや深まりが得られるよい機会となっています。

保育者は 普段の保育の力を試され、鍛えられる

　子ども一人ひとりをしっかり見ることが、子ども主体の保育をしていくうえで、とても大切なことです。行事は、さまざまなシチュエーションのなかで普段のあそびでは見られない姿も現れるので、保育者が子ども一人ひとりの姿に立ち止まるよい機会です。運動会というと、体を動かす行事と見られがちですが、肝心なことは、一人ひとりの心の有り様と、その成長です。運動会自体は大人が決めた企画であり、園全体で一つのことをするので、子どもが主体的に取り組むには、より難しい面があります。そのため保育者が保育の根幹を見つめ直し、普段の保育の力を試され、鍛えられるよい機会となっているようです。

保護者は 率直な意見と向き合い、子どもの姿で応える

　何かを変えようとするとき、今までのやり方にどんな課題があったのか、変えることが子どもの成長・発達にとってなぜ必要なのか、保護者には丁寧に説明します。もちろん『子どもにプラスでないことはしない』という優先順位が、園の姿勢にいつもはっきりあることが、理解を得られるための大前提です。保護者の側から疑問や反対があれば出してもらい、その意見のなかにある妥当性も探りながら、丁寧に考えたうえで回答していきます。その内容は保育者はもちろん、全保護者と共有する努力を重ねることで、信頼関係が築かれていきます。運動会の鼓笛隊をやめたとき「残念」の声も聞かれましたが、「かわいい衣装の写真を撮りたかった」という理由もありました。保護者の意見に合わせてクレームを避けるための対処でなく、子どもの成長にとって大事なことは何か、保護者と一緒に考え、それを守っていく姿勢をはっきり見せることも必要です。何より子どもたちの姿がいきいきとしていくことで、保護者も「変わってよかった」と思ってくれるようになっていくのです。

みんなが運動を楽しめる ふれあい運動会

保護者、地域を巻き込んだ参加型の運動会。

枚田みのり保育園の行事改革は、最近始まったものではありません。
30年近く前から、子ども、保護者、地域の方々が参加して楽しみ、
みんなが笑顔になるような運動会を目標に模索し続けてきました。
長い年月をかけて作り上げてきた運動会のスタイルは、
いま多くの園が目指す行事と重なります。

運動会2

幼保連携型認定こども園
枚田みのり保育園
（兵庫県朝来市）

園長　小林公正
副園長　小林葉子

行事の見直しは、およそ30年前から

「練習を積んで、大人に見てもらう組体操は感動してもらえるけど、子どもたちが本当に運動を楽しみ、喜んでいるのかなあ？」と疑問をもち始めた小林園長。大人が見て喜ぶための運動会でなく、子どもと大人が共に運動を楽しめる運動会のあり方を職員みんなで考えました。また、これを機に全ての園行事が子ども主体の園行事へと見直しが始まりました。

小林園長の園行事に対する考え方

- 園行事は日頃の保育の延長でありたい。行事のために日頃の保育があるのではない。
- 全ての行事が、子どもにとってどんな意味があるのかをまず考える。
- 子どものあそびから生まれたことを取り入れたり、自然に触れることを大切にしたい。
- できるだけ地域の行事として、地域の方々が参加できるものでありたい。

枚田みのり保育園では、こうした考え方をベースにした、ちょっとユニークで楽しい運動会を開催しています。「見せるための練習」から、「運動嫌いの子を作らない運動会」。運動会に向けて決して一生懸命練習する必要のない、家族や地域の方々がみんなで運動を楽しめる運動会です。

現在の「ふれあい運動会」は2部構成。第1部は「枚田（地域）グラウンド」で親子体操やパラバルーンなどの集団運動あそびなど。第2部はグラウンドを飛び出し、園庭や園の周辺の環境を生かしたオリエンテーリングなどを親子で楽しみます。

第1部　クラス別に3つのバルーンが躍動しました。

第2部　オリエンテーリングは、アップダウンもいっぱいの変化に富んだコース。

バルーン

枚田みのり保育園の3・4・5歳児は、異年齢の3クラスに分かれて生活しています。日頃の保育でもクラスごとにバルーンを楽しんでいます。バルーンは意外に力がいったりバランスが大切ですが、発達段階の違う異年齢クラスが、みんなで力を合わせて完成するには、支え合うなど意味があり、成功した達成感も格別なものがあります。

リレー

フープにカラーポリ袋を張り、大小のボールを載せて4人で運ぶリレー種目。ここでも異年齢クラス対抗ならではの魅力や、ほほえましいシーンがいっぱいでした。

玉入れ

おなじみの玉入れは、地域のお年寄りや園児の祖父母の参加で行われます。お年寄りも普段子どもたちと接する機会が少なく、大喜び。みんなで盛り上がりました。

第2部

グラウンドを飛び出して、園の周囲を家族で巡るオリエンテーリングを楽しみます。このオリエンテーリングには、普段の保育のなかでたくさん遊んだ、草花あそびや石垣登りなどが取り入れられています。だから、子どもが中心になって保護者を引っ張りながら、日頃のあそびを一緒に楽しむことができるのです。

運動会の第2部に取り入れた普段のあそび

園庭で自然と親しみながらのあそび

実のなる木がたくさん植えられ、小川や池もある園庭。四季を通して、たっぷりの自然とふれあって遊ぶことが日常です。

環境を生かした石垣登り

お寺の石垣登りは、子どもたちが遊びながら身体を鍛える絶好のチャンス。全身を使って急な石垣を登ります。

植物を知るあそび

園庭や、園周辺の自然環境を生かし、さまざまな植物にふれて遊びます。

日常のあそびを取り入れながら、それを忍者の修行に見立てたオリエンテーリングのメニュー、配られたプログラムには「みのり忍者からの挑戦状」が。これがオリエンテーリングのガイドと出題、回答用紙になります。

保育者扮する忍者が案内役です。

石垣登りは、どの子も真剣な表情です。

クモの巣を避けながら
坂道を登ります。

石段にも、今度はこんな障害物が。

ミズスマシのように水上をジャンプして。

クリアした課題には、
シールを貼ってもらえます。

「自信をもって」子どもが
保護者の前を歩いていきます。

においをかいで、
ハーブの当てっこ。

たくさんの課題をクリアしてグラウンドに戻ってきた忍者た
ちに、まだ修行が。テントに忍び込んで見つけた手裏剣を、
力を合わせて運び、的に入れます。

 子どもたちは のびのび楽しめたかな

　毎日遊んでいるあそびでも、保護者と一緒だとまた別の楽しさ、うれしさがあります。子どもたちは、どの種目も楽しんでいたようです。秋の一日、子どもたちの心のなかに思い出として残ればうれしく思います。

保育者は 日頃のあそびをうまく種目につなげたい

　親子参加型の運動会は、「本番に向けての練習」がないので、保育者もプレッシャーを感じることなく準備できます。日頃のあそびから、どう種目につなげていくかがポイントです。これからも、子どもたちの発想に耳を傾けながら一緒につくっていきます。

 保護者は 子どもの成長を実感できる運動会

　子どもと一緒にさまざまな体験をしながら、保護者の方々が子どもの成長を間近で実感できる行事になるように工夫を重ねてきました。ふれあい運動会は、保護者はもちろん、交流先のお年寄りや地元の方々にも楽しみにしていただく行事になっています。

大豆生田先生より mame memo 行事を「まち保育」の機会に！

　石垣登りなど、地域の自然資源を活かした、親子でのオリエンテーリング、最高ですね。コロナ禍を経て、これからはますます地域のつながりが大切な時代になります。自分の身近な地域での顔の見えるつながりの再構築です。そのためには、園がまちづくりの拠点として機能することが求められます。子どもを中心にしながら、あらためて保護者や地域の人も自分の地域の魅力を再発見する営みです。都市部のみならず、地方においてこそ、地域住民がつながりをもつ重要な機会となります。枚田みのり保育園の運動会はまさに、ますます重要となる「まち保育」なのです。

コロナ禍の中で
実現した
運動会の新しい形

親子参加型の保育参観を兼ねた
スポーツフェスティバル。

現園長が就任すると同時に、
保育全体を子ども主体に変えてきた認定こども園さくら。
行事の変革にも力を注ぎ、運動会は5年ほど前から
「スポーツフェスティバル＝スポフェス」と名前を一新し、
子ども主体の行事を目指してきました。

以前は、こんな運動会でした。

子ども主体に舵をきりつつも……

　２学期は、行事が盛りだくさんでした。運動会が終わったと思ったら、今度はお遊戯会。そのうえ保育参観もあります。一つの種目やお遊戯を何か月も練習して、本番は長くても５分。保育参観では、保護者のために歌をうたうなどということも慣例的に残っています。

　それらが子どもたちのためになっているのか、子どもの感性を育てなければならない時期に、本当に必要なのか、職員とも話し合いました。保育を子ども主体に変えてきたことに合わせて、行事の変革にも取り組んできましたが、いろいろなバランスを考えてしまい、今ひとつ大なたをふるえずにいました。

SAKURA PRE-SCHOOL
2019 スポーツフェスティバル

日時：令和元年10月12日（土）　9：20～13：00
場所：栃木市総合運動公園体育館主競技場
主催：こども園さくら・さくら第2保育園
　　　さくら3ホール・さくら会保護者会
後援：さくらん母会・3ノ会

進行表

1. 開会式
　1）開式のことば
　2）国旗掲揚隊
　3）選手あいさつ
　4）お宣言式
　5）さくら会歌あいさつ・来賓紹介
　6）選手宣誓・はじめのことば
　7）スポーツフェスティバルのうた
　8）準備体操
　9）閉式のことば
2. 退場（集花退場）

3. 演技
4. 閉会式　9：35～12：45
　1）開式のことば
　2）成績発表
　3）優勝トロフィー渡与
　4）選評
　5）国旗降納
　6）国旗掲揚降納
　7）おわりのことば
　8）閉式のことば
5. 参加賞配布

プログラム

No.	種目	学年
1	障害走	青組
2	かけっこ	緑組・水色組
3	遊戯「定番けバッカーん～えがおのまほう～」	緑組
4	親子競技「玉きあ 楽し玉 おはだし」	緑組・保護者
5	綱引き	水色組・青組
6	遊戯「ジャンボリミッキー」	水色組
7	玉入れ	水色組・青組
8	カエぐらしの玉イレッティ	緑組
9	親子競技「撃だ!ワッショイ」	青組・保護者
10	親子競技「ぎとみおパ～ターシィ～がて ハア～」	青組・保護者
11	めざせ!オリンピック	水色組・青組
12	親子フォークダンス	緑組・水色組・青組・保護者

【備注集】
会員に運動すると思われる保体んにつながりますので下さい方にトレーニングをして下さい。
当日は運動し、やすい服装と体育館シューズでお出かて下さい。

before

親子参加型のスポーツフェスティバル

こんなときだから
「運動会をやめる」ことができた

　認定こども園さくらは、2019年には隣接している永野川が台風19号の直撃で決壊したため被災、そして2020年にはコロナ禍と、2年続けて、思いもかけないピンチにさらされることになりました。

令和２年9月18日
こども園さくら
園長　堀　昌浩

緑　水色組保護者各位

2020 保育参観・スポーツフェスティバル・親子BBQ について

　スポーツの秋到来ですが、皆様はいかがお過ごしですか。今年は、コロナ禍の中行事の変更や中止になってしまった物もありますが、今回、上記の３つの行事を同日開催致します。
　つきましては、ご多用のところ恐縮ですがコロナ感染症防止のため、園児1人につき引率保護者1名の参加をお願い致します。
　※年長児は 11/13 開催ですが、後日詳細を配布します。

1. 日時　（緑組）　令和２年10月 9日（金） ─┐
　　　　　　　　　　　　　　　　　　　　　　 ├─ 9時10分～13時（予定）
　　　　　（水色組）令和２年10月16日（金） ─┘

2. 費用　　600円（月末にエンベイで請求します。）

3. 集合　　9時00分～9時30分　　　　　　　　　（雲の部屋）
　　　　　 9時40分～10時10分　ビデオ参観　　　（園庭）
　　　　　 10時15分～11時25分　スポーツフェスティバル（園庭）
　　　　　 11時30分～13時00分　親子昼食BBQ　　（園庭）

4. 場所　　こども園さくら

5. 駐車場　後日お知らせ致します。

6. 服装　　（園児）　半袖体操着　ハーフパンツ　靴下自由　紅白帽
　　　　　 （保護者）運動しやすい服装　運動靴（スパイク不可）

7. 持ち物　水筒（水または麦茶）※引率保護者の方も飲み物をご持参下さい。

　※当日、体調不良で欠席される場合は、8時30分までに、キッズリーに連絡をお願い致します。
　※当日の出欠は、下記のアドレス又はQRコードよりお願いします。

https://forms.gle/gyePgvKMHYYxndx19

　しかしながら、行事を見直すということに限っていえば、このピンチはチャンスに換えることができたようです。これまでどおりに行事が行われないことが当たり前のときだからこそできたのが、「運動会をやめる」という大きな決断です。既に名前をスポーツフェスティバルに変え、内容も少しずつ子ども主体に変えてきていたとはいえ、まだまだ1年に一度の運動会という面を残していたスポフェスを、2020年は、親子参加型の保育参観兼スポフェスに変え、3歳児、4歳児、5歳児を別々に行いました。

3歳児 | 10月9日 スポーツフェスティバル＆ 保育参観・親子ランチ

●ビデオ参観
　子どもたちの普段の様子をスライドで見ていただきました。
●スポーツフェスティバル
　親子競技を2種類とお遊戯。密を避けることを考え、クラスに分かれ、親子競技①→親子競技②→お遊戯を1クラスごとのローテーションで行いました。

　親子競技の一つ、普段あそんでいる積み木（カプラ）を使ったドミノ倒しとタワー作りでは、子どもたち以上に保護者が真剣に取り組んでいる姿が印象的でした。それでも、やっぱり子どもたちってすごい！

　お父さん、お母さんより楽々と、タワーを高く積み上げる姿に、保護者も驚いていました。積み木の使い方自体が違います。大人が平たく寝かせて積み上げていくのに対し、子どもたちは積み木を立てて積み上げていきます。それもバランスよく……。10の姿に当てはめれば、まさに「思考力の芽生え」と言えるでしょう。

●親子ランチ
　3つの部屋に分けて、ソーシャルディスタンスを考えた距離感や机の配置を考えて行いました。

4歳児

10月16日
スポーツフェスティバル＆
保育参観・親子ランチ

●**SAKURAオリンピック2020（園児競技）**

　子どもたちが考え、小道具まで全て手作りした競技です。自分たちがやってみたいさまざまなゲームを組み合わせました。カラフルな手作りの小道具が芝に映えてきれいでした。

●**NINJA Training（親子競技）**

　普段から子どもたちが興味をもち、忍者になりたいという夢の延長線といえる競技で、忍者になるための修行をイメージして、ジャンプや平均台、手裏剣の的当てなど、忍者らしいパフォーマンスを組み込んで作り上げました。

　みんなで話し合い、アイディアを出し合いながら作り上げることを10の姿に当てはめると、まずは「自立心」でしょうか。自分たちで考え競技を生み出すことや、意見を出し合い、それをできるように考えたり工夫することで、やり抜く力が育まれます　次に「協同性」。みんなで作り上げるために話し合ったり、考えを1つにまとめたり、そのなかで自分たちがやることを考え、達成に向けて協力する楽しさや充実感を感じ、やり遂げるようになります。特に今回のNINJA Trainingは、そんな子どもたちの成長を感じられる競技ではなかったかと思います。

●**親子ランチ**

　3つの部屋に分けて、ソーシャルディスタンスを考えた距離感や机の配置を考えて行いました。

5歳児

11月13日
スポーツフェスティバル＆
保育参観・親子BBQ

　5つのプログラムが行われ、親子競技あり保護者競技あり、フォークダンスありと、親子で楽しめる構成で行われました。開会式などは、さすが年長さんと思わせる行進や姿勢でしたし、保護者競技の玉入れでは、大人の本気を見ました。

●Let's KASO　こりゃ みつからなSO〜
　子どもたちが自分で作った仮面をかぶり、お父さんお母さんがお子さんを見つける。これは子どもたちがハロウィンの仮装でいろいろな物を作り、興味をもって楽しんでいたことから考え、作り上げた競技です。

仮面は新聞紙
ベースで簡単
に作ります。

意外に誰だか
わからない。

　仮面をかぶっていても、さすがに自分のお子さんはわかると思いましたが、なかにはわからない保護者もいて、上手に仮装したなと感心するとともに、子どもたちがとっても楽しんでいた姿が印象に残りました。

　競技内容をみんなで話し合い、アイディアを出し合いながら作り上げることは、10の姿に当てはめると、まずは「協同性」。自分たちで考えて競技を生み出すことや、意見を出し合い、それをできるように考えたり工夫する過程で、やり抜く力が育まれます。また、自分たちで考えた競技のルールを話し合いで決めていくことは「道徳性・規範意識の芽生え」に当てはまりますし、もちろんほかの競技も含め、楽しみながら体を動かし、運動することは「健康な心と体」に当てはまります。

 子どもたちは

子どもたちは、新しい行事を楽しんでいる

　運動会の楽しい部分は残っていると思うので、それを楽しみながらも、子どもたちがさらに、まっさらなところから自分たちで一つひとつ考え、試行錯誤して作り上げていくことを楽しんでいる様子が見られました。5歳児は、あれがしたい、これがしたいというのがどんどん出てきて、企画の段階で実際にその種目をやってみることも楽しんでいるようでした。

保育者は

コロナ禍が収束しても以前の形には戻らない

　行事の数を思い切って減らしたことで、負担感はだいぶ軽減したのではないかと思います。運動会も、スポフェスに変わって、保育参観を兼ねた親子参加型のイベントになりつつあったのが、2020年度で、学年ごとに行う行事になり「これが最終形」というのが予想より早く実現した感じです。コロナ禍が収まっても、以前の形には戻らないで継続しようと話をしています。

保護者は

保護者会の形も新しく変えて

　「運動会をやめる」といった大きな決断には、保護者の賛成が欠かせませんが、そのために保護者会をマネジメントカウンシル園内組織に変える、というところから始めました。スムーズに移行できたのは、この方法をとったことも大きいかと思います（詳しくはp.120参照）。大人に見せるための行事ではなくて、大人も一緒に楽しめる行事に変えようとしていることは、少しずつ理解していただけていると思います。

●親子BBQ

　新型コロナウイルス感染予防の観点から、園庭で、ソーシャルディスタンスを考えた距離感や机の配置を行い、入口と出口を分けて密接を避けるなどの対策を講じて行いました。

 大豆生田先生より mame memo

「親子参加型」という行事転換の戦略

　多くの園では行事が多く、それが子どもや保育者の大きな負担になっていることも少なくありません。この園では運動会を「親子参加型」に変えたことによる効果が大きいようです。ともすると、「お客さん」になりがちな保護者をしっかりと巻き込んでいることがわかります。そこには、保育のあり方を一緒に考える保護者会における対話もあったようです。結果的には、それが子どもにとって、保育者にとって、よさがあっただけでなく、保護者の満足感にもつながっているのだと思います。こうした取り組みが、保護者を巻き込んだ園のファンコミュニティの形成につながるのです。

収穫感謝の運動まつり

「子ども主体って何だ？」と悩みながら
毎年よりよくしようと取り組んできた。
和太鼓、組体操、綱引き、リレー……、
5歳児が園生活最後の運動まつりに何をしたいか、子どもたちで話し合い、
出てきた案を自分たちで一つひとつ試して、決めたものです。
行事を子どもたち主体にと、改革を続けてきた谷戸幼稚園。
この実践の後、コロナ禍を乗り越え、さらに変化を続けています。

運動会4

谷戸幼稚園
（東京都西東京市）

園長　伊藤裕子

小学校のイメージが強い「運動会」を
幼児にふさわしいものに変えたい

　「なんで運動会じゃないの？」とよく聞かれますが、谷戸幼稚園でも9年前までは「運動会」という名称を使っていました。「運動会」の起源は、明治時代まで遡ります。100年の歳月をかけて、秋の行楽の代名詞にもなった日本固有のこの行事は、家族でわくわく楽しめて、いいこともたくさんありますが、幼児期の子どもにふさわしい活動をするには、小学校のイメージが強すぎることもあって困ることも多いのです。

　そこで、考えついたのが「お祭りにしよう！」ということ。「運動まつり」なら、保護者にも、これまでの「運動会」とは少し違った眼差しで、子どもたちの姿を観ていただくことができると考えました。

園行事にちゃんとした
意味をもたせたい

　友達と生活を共にし、さまざまな生き物を飼い、稲や麦、野菜や草花を育てる日々の節目としての、豊作祈願、収穫感謝、そして翌年につなげるどんど焼き。谷戸幼稚園の子どもたちは、この3つのお祭りを通して、自然と向き合い、人と協働し、願いと感謝を込めて一年を過ごします。

オープニングセレモニーでは、保育者の太鼓と笛で、ちょっと儀式風。園長自ら締太鼓を担当。

　行事は本来、人間には太刀打できない自然に対する畏敬であるとか、人々の思いを結集させたり、伝承したり、一時の行楽だったりと、生活を営むうえでの必然的な思いが込められているものであるはずです。日常生活を大切にし、飼育や栽培を子どもの視点に立って丁寧に行い、そこから願いや楽しみとして園行事につなげていく、園行事に「子ども主体」という保育的意義だけでなく、ちゃんとした意味をもたせる試みでもあるのです。

　秋に行う「運動まつり」を、夏まつりの豊作祈願に対し、「収穫感謝」として年間の保育に位置づけたのは、子どもたちが行事に対して受け身なのではなく、日常生活の中で運動まつりへ向かう“意味”を子ども自身が感じてほしいという願いから。

　「年長になったら組体操やるんだ」「太鼓やるんだ」という文化があって、日常のなかで、子どもたち同士でそれが伝わっていくといった、谷戸幼稚園独自の文化を意図的に作ってきました。

5歳児 | ページェント 「たねたちのぼうけん」 ～からだで形づくり～

5歳児クラスは、毎年子どもたちの興味・関心をもとにテーマを設定した“ページェント”で身体表現を見せてくれます。2019年度は、従来の“ページェント”と“かたちづくり”と呼んで、普段から慣れ親しんでいる組体操を、みんなで作り出すことに挑戦しました。

5歳児が年間を通して熱心にかかわってきた米作りをテーマに、ストーリーから、一つひとつの表現も子どもたち同士で話し合い、組体操部分については、体育講師の先生にも相談しながら、よりよい表現を追求しました。

組体操というと、軍隊のように教え込むイメージがありますが、やり方によっては、自分の身体と友達の身体を意識して、おもしろい活動ができるのです。

「たねたちのぼうけん」あらすじ

① 春の日、稲の種たちが目を覚まし、風に乗って土のお布団へ。
② 土の中は真っ暗で、泥んこに流されてしまいます。
③ 流れついた森で、森の主ヘラクレスオオカブトをはじめ、いろいろな虫たちに出会います。
④ 気がつくと種たちに小さな芽が出て、ぐんぐん伸びています。
⑤ 芽が伸びていく先は空、きれいな鳥たちも見えます。
⑥ 太陽が沈むと星たちが光りだし、真っ暗な夜を照らしてくれました。
⑦ 台風が発生して、激しい雨、雷、強い風が種たちを襲います。
⑧ 雨や風、猛暑に台風を乗り越えた種たちは立派な稲となり、いよいよ収穫、豊かな実りとなりました。

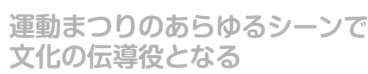

運動まつりのあらゆるシーンで
文化の伝導役となる

　ページェント以外に、5歳児が行う種目は、収穫感謝の和太鼓、綱引き、クラス対抗リレー。種目以外にも、オープニング、エンディングセレモニーでのアナウンスなどたくさんの仕事を引き受けます。オープニングから、ページェントまで、5歳児は、自分で絵を描いた黒のTシャツで登場。これがまた、かっこいいのです。

　綱引きやリレーは、子どもたちが最後の運動まつりでやりたい種目を話し合い、実際に試してみて決めた、よりすぐりの種目です。普段の園生活にも増して、運動まつりという行事のなかでの5歳児の様子を見ている4歳児、3歳児のまなざし。ここに園の文化をバトンタッチするすてきな機会が生まれます。

3歳児 | はじめての運動まつりに わくわく

3歳児にとっては、はじめての運動まつり。園庭でバトンをつないでリレーをしたり、太鼓をたたいたりしている5歳児の姿を見て、「なんだなんだ？ おもしろそう！」という様子だった子どもたち。

そんな子どもたちに、保育者が「"うんどうまつり"っていうのがあるみたいだよ！」と紹介しました。1学期にみんなでおみこしを担いだ"豊作祈願"と、運動まつりでの"収穫感謝"の意味合いも、育ててきたトマトやアサガオ、お世話しているサワガニの話題も絡めながら話しました。

子どもたちからも「踊りた～い」「かけっこしたい」「ジャンプは？」などと、たくさんの声が。「明日やりたい」「今からやりたい」と、運動まつりに向けてわくわくでいっぱいな子どもたちでした。

「運動まつりがあるからこれをする」ではなく、普段のあそびのなかで始まった忍者ごっこを表現活動に昇華させた「ひよこ忍者登場!!!」を表現種目として行う予定でしたが、最終的には、子どもたちの様子をみて、保護者と一緒に忍者修行を楽しむ種目に変更しました。

4歳児 | ヤトレンジャーになって のびのび

谷戸幼稚園には、困ったことがあるとみんなを助けてくれる"ヤトレンジャー"というヒーローがいます。1学期から、絵本の「おまかせ！ヨーチエンジャー」（スギヤマ カナヨ／作）を読んで、変身して遊んでいた4歳児。ヤトレンジャーになると元気が出ます。

運動まつりでは、それぞれが作ったヤトレンジャーベルトを身に着けて登場。普段からボールを使ったあそびを楽しんでいることを、鈴割りに結びつけた「なげろ！ヤトレジャー」、絵本の世界をもとに、パラバルーンを使ってストーリーのある表現を楽しんだ「おまかせ！ヤトレンジャー」、レンジャーソード（バトン）をつなぐリレー「つなげ！ヤトレンジャー」のヤトレンジャー3種目を楽しみました。

いずれの種目も、普段のあそびをベースに、運動会らしいアイテムを無理なく取り込んだものです。

なげろ！ヤトレンジャー（玉当て）

4歳児は毎年玉入れが恒例でしたが、普段の体育あそびのなかで「狙って投げる」「的に当てる」ことを楽しんできた子どもたち。ヤトレンジャーのミッションとして玉を集めて投げ、事件を解決します。

おまかせ！ヤトレンジャー（パラバルーン）

2学期になり、体育あそびでパラバルーンをやってみました。広げると、とっても大きく、引っ張ってみると、お友達の力を感じてみんなで気持ちを合わせるおもしろさがいっぱい。ヤトレンジャーのみんなが使うときは、「カラフルバルーン」というアイテムに変身、なくてはならないアイテムになりました。

つなげ！ヤトレンジャー（リレー）

"レンジャーソード"。こう呼んだだけでリレーがヤトレンジャーごっこに変わります。「ソードって、剣のこと！」そう、平和を守るための剣を、みんなで心を一つにしてつなぎます。

 **子どもたちは**
何をやるかも自分たちで決めた

5歳児には、「運動まつりで何やりたい？」と相談をもちかけました。「リレー！」「玉入れ！」「綱引き!!」と運動会の定番種目がでてくる一方、「おにごっこ！」「ドッジボール」といった案も出てきました。「やるのも楽しい！見てる人も楽しいもの」と、一つひとつ試しながら決めていきました。

 **保育者は**
「子ども主体って何だ？」と悩みながら、よりよくしようと取り組む

行事の主体者は子どもであること、日常のなかで行事の意味を見出せること。しかし、決して子ども任せではなく、豊かな幼児文化、子どもだましではない質の高い文化を子どもに差し出すことにこだわりたい。そして、その文化を受け取った子どもたちが、さらに谷戸の文化を作り上げていけるようにとの願いを込めて、行事を行っています。

保護者は
情報をたくさん渡すことが理解を深める

行事の前後には、"かわら版"というおたよりの特別編を、かなりの頻度で出します。また、日常保育の写真を組んだパワーポイントで作成した画像や資料を使った保育報告で、今、子どもたちが何をしているのか、その時々の子どもたちの様子をなるべく詳しく伝えます。それによって保護者も行事を楽しみに待ち、当日何を見たらいいのかわからない、ということがなくなり、その結果、行事の運営にも積極的に協力してもらえます。雨にたたられた秋の運動まつり、会場を確保してくれたのも、そうした保護者の方々でした。コロナ禍以後は、ZOOMなども駆使して、情報発信力もパワーアップしています。

大豆生田先生より **mame memo**
年間計画のなかで運動会の位置づけを問うこと

保育の質を問うとき、カリキュラムや年間計画のなかで運動会を行うことの意味を問うことはとても重要です。つまり、「なぜ、運動会を行うか」という問いです。谷戸幼稚園ではそれを「収穫感謝」として位置づけたことの意義はとても大きいと思います。単に、「毎年決まっているから」、あるいは「子どもがやりたいって言ったから」ではなく、その園が大切にしている文化がそこにあるのです。それは、この園のなかで培われてきた文化、具体的にはページェントや太鼓、リレーなど伝承されてさているものがあるのですね。この園で育つことへの誇りにもつながることでしょう。

子どもが考えるポイントがたくさんある
「リトルオリンピック」

話し合いのなかで育つ子どもの心。

身体能力勝負の種目にはしないで
子どもが本気で考えることができるルールを
保育者も本気で考える。
考えて、意見を言い合って……、
子どもの心も大きく育つリトルオリンピックです。

運動会5

認定 向山こども園
（宮城県仙台市）

副園長　木村 創

1989年から続く
リトルオリンピック

　向山こども園で、それまでの「運動会」を「リトルオリンピック」と呼び始めたのは1989年。30年以上前に、「運動会」から名称も変え、それまで行っていた鼓笛隊などもやめて、子どもの育ちと行事のあり方を考え続けてきました。

子どもが本気で
考える種目に

　例えば、リレーなら、いちばん外側を走ると、平らだけれど距離が長くなる、というやり方にする、コースによって距離が違ったり、アップダウンがあったり、ジャンプしないと通れないとか。そうすると、子どもは、自分はジャンプが得意だからインコースを行くとか、坂を登るのが得意だから真ん中のコースを選ぶとか、坂が苦手だから距離は長くても大回りするとかを一生懸命考えるでしょう。リトルオリンピックでは、子どもがどうすれば、本気で作戦を考えられるか、というところに、保育者が知恵を絞っています。

恒例の大きなのり巻き作り。
2020年度は、新型コロナ感染予防のため、実施しませんでした。

年齢によって
内容は違う

　1・2・3歳児と、4・5歳児は、もともと別々に開催しています。1・2歳児は、保育参加に近い形で、親子でいつも遊んでいる場所で一緒に遊び、みんなで大きなのり巻きを作って食べるというのが恒例でした。

　3歳児は、リトルオリンピックが初めての大きなイベントになるので、親子でたくさん遊んでもらいます。初めての行事が親から引き離される日、というイメージになってしまうとつまらないので、とにかく「お父さんやお母さんが来たら、めちゃめちゃ楽しかったね」という行事にしようと考え、親子で園庭のいろいろなところで遊ぶという企画です。3歳児ものり巻きは作っていました。

ウイズコロナ　2020年度の「リトオリ」

2020年度は、新型コロナウイルス感染の心配もあったので、低年齢はリトルオリンピックという形はとらず、ファミリーデーという形にして親子で遊ぶ日としました。お昼を一緒に食べることもやめ、園庭のエリアを3つに分け、違う学年の子が一緒にならないように工夫しました。結局は雨で中止になってしまったので、普段の保育のなかで撮影した、「こんなこともできるようになったよ」という姿を動画にして配信しました。4・5歳児は、場所を園庭と森に分けて行いました。

5歳児 │ クラス対抗 箱積みリレー

5歳児の種目に、クラス対抗の「箱積みリレー」があります。小さな段ボール箱を持って走り、途中で積んで戻ってくるリレーで、順位＋積んだ箱の数で勝敗が決まります。箱は積まなくてもいい、というルールなので、作戦はいろいろ考えられ、箱を積むのが苦手な子は、とにかく走って順位でポイントを稼ぐ、足が遅くても箱をたくさん積むことができたら、これも勝利に貢献できます。

昨年は、とってもたくさん積んで、順位も早かったクラスの箱が風で倒れ、結局ゆっくりやっていたクラスが勝ちました。身体能力だけではなく、いろいろな作戦を駆使して、なおかつ「運」も味方につけないと勝てないというルールにしています。

やりたい子、やりたくない子

箱積みリレーには、もうひとつ大きなルールがあります。メンバーの一人でも参加しないと失格になるのです。それをめぐって、今年のリトルオリンピックでは、ひとつのドラマがありました。

本番で、ある子がやらないと言い出したのです。クラスの子どもたちが、どうしたらできるかを一生懸命提示したり、本人も気持ちを伝えたりと、30分以上中断し、相談に相談を重ねました。もうひとクラスはというと、練習をしたり、集まりをしたりして、ちゃんと待ってくれました。

競技を中断して話し合いを続けた結果、全員納得してスタートラインにつくことができました。「全員が納得して」が大切なので、話し合いの結果によっては棄権もありです。参加したい子、したくない子の双方がそれぞれの思いをぶつけ、自分の思いと相手の思いの間で葛藤しながら、納得できる答えを出すためのプロセスが子どもを育てると考えているからです。

もうひとつのクラスでも同じ経験が

実は、もうひとつのクラスでも、10日ほど前の練習で同じような経験をしていました。一人の子がやりたくないと言い出し、よく聞いてみたら実はやりたくないという子が他にもいて、やりたくない派だけれども、「チョコバナナをもらえるんだったら、やってもいい」なんていう子がいたり、ごほうびを設定したらいいという意見が出たり……、ほぼ1日話し合っていたのです。

やりたくない子がいるということに向き合って、どうしたらやりたい気持ちにできるのか、クラスみんなでとことん考え、意見を言い合える貴重な機会になりました。

動画配信で
コロナ禍を乗り切る

　向山こども園では、保護者向けにたくさんの動画を配信しています。もともと、コロナ禍で懇談会ができないので、その代わりとして始めたものですが、行事の内容や開催方法を変更する場合も、動画で、決定のプロセスから、どうしてその結論に至ったかをできるだけていねいに説明しています。

　保育者が顔を見せて、自分の言葉で語り、同時に子どもの様子を動画で見てもらうことができるので、その後もどんどん動画配信で伝えることが増えていきました。

 ### 子どもたちを成長させた 箱積みリレー

　参加したくない子がいるよね、走りたくないとか、走るのがドキドキする子がいるよね、ということに向き合ってみるというのは、なかなかできない経験です。「やらない」という選択が、友達に大きな影響を及ぼすことをクラスみんなで考えてみる、今回「箱積みリレー」でみんながそれを経験することができました。それぞれの思いをぶつけ合い、みんなが納得できる答えを探していくプロセスが子どもを大きく成長させ、大人も学ぶことが多いリトルオリンピックになりました。

 ### 子どもたちがしっかり 向き合えたことが大きな収穫

　こども園の3・4・5歳児の3年間では、今回リトルオリンピックで体験したような、参加したくない子の気持ちとしっかり向き合うというのははじめての経験だったと思います。友達同士で遊ぶなかでは、例えばずるをしても意外と許されてしまったりして、子どもたちがしっかり向き合って、意見を戦わせるなどということはなかったようです。それができたことが今回の大きな収穫です。

保護者は 温かく見守ってくれるからこそ

　長い中断を挟んで行われた5歳児の箱積みリレー。保護者の方々もずっとずっと待ってくださり、最後に大声援を送ってくれました。こうして温かく見守ってくれる保護者の方々がいるからこそ、のびのびした保育が実現しているのだと実感した、リトルオリンピックでした。

mame memo
自己決定と他者への共感

　多くの場合、運動会は全員参加が前提でしょう。しかし、この園では、「やりたくない」という子の気持ちも尊重しようとすることに挑戦しています。それは、個々の自己決定を尊重する保育の姿勢です。ただ、「やりたい」子にとっては、それでは運動会が楽しくなりません。だから、対話が重要になるのです。そこでは、その子の気持ちになって考えないと、「やりたくない」子は気持ちを変えないでしょう。まさに、そこに他者への共感が必要になるのです。これは、筋書きがないドラマ。このプロセスに重要な意味が他者とともにあることの大切な経験があったでしょう。

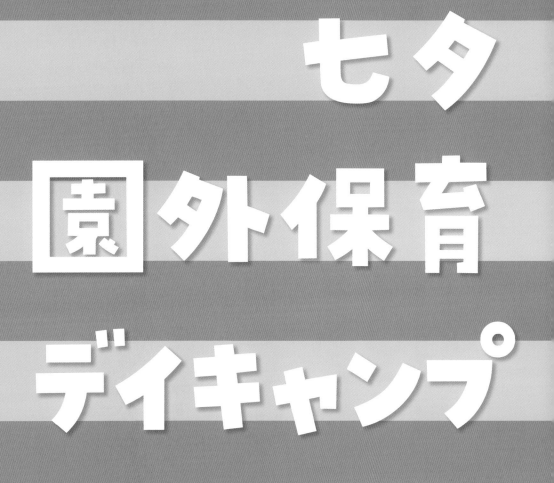

七夕
園外保育
デイキャンプ

何をするのか
話し合う
七夕ミーティング

七夕

幼保連携型認定こども園
寺子屋大の木
（愛知県名古屋市）

園長　牧野まき子

子どもたちが、やることを決める七夕祭り。

寺子屋大の木では、大人が設定して子どもを楽しませるイベントであった七夕を、
親子で一緒に遊ぶことを楽しむイベントに変化させました。
そしてさらに4・5歳児では、子どもたち自身が何をするかを考える行事に変えました。

大人が準備する夏祭りから
親子で遊ぶ七夕に

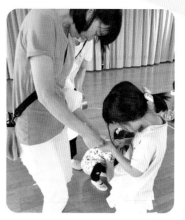

2014年くらいまでは、"お祭り" を行っていました。大人が準備をして、風船釣りや的当てのようなお店を作り、子どもたちがお客さんになって楽しんでもらうというものです。その他、盆踊りを踊って保護者に観てもらっていました。

でも、お店は混み合うし、待ち時間や人混みに疲れるから、もっとお父さんやお母さんと遊びたい、作品作りをしたい、という子どもたちの声があって、七夕のシアターやクッキング、幼児と乳児で一緒に楽しむ製作といった活動をするようになりました。保護者には、そうした活動を観たり、参加していただきつつ、クイズなどにも参加してもらう形です。

七夕ミーティングで話し合う
子どもたちが
発案して、
行うイベントに

3〜5歳児は、通常の保育でも同じ部屋で過ごし、コーナー保育をしている寺子屋大の木。日頃から、年齢にかかわりなく、同じことをやりたい仲間が集まって遊んでいます。こうした日常のように行事のときにも楽しめないものかと、子どもが何をしたいのかを聞きながら、試行錯誤してきました。

親子で楽しめるイベントとして、毎年模索しながらいろいろ変えてきたのですが、一緒に大きな絵を作りたい、という声があがったときに、60人もの子どもの保護者が全員集まって、一斉に大きなものを作るのは不可能だということになりました。それで、来たい人だけが来るようにしよう、ということで、2019年以降、保護者は自由参加になっています。

これらの話し合いは、七夕の約1か月前の「七夕ミーティング」で行います。これからも変化していくかもしれません。

3〜5歳児

1 七夕までの準備
6月3日
七夕ミーティングを開く

　2020年度の"七夕ミーティング"。このミーティングで4〜5歳児にどんなことがやりたいのかを聞き、実際にどうしたら実現できるか、子どもたちと話し合いを重ねます。

　3歳児は、このミーティングで七夕の由来や七夕飾りについての紙芝居を見て、七夕についての知識を得る機会になります。

2 七夕までの準備
製作物は大人が
プレゼン

　製作するものについては、子どもたちの「こんなものを作りたい」をアトリエリスタとも相談して保育者が形にし、子どもたちにプレゼンテーションし、子どもたちがその中から選んで作ります。例えば、子どもが「テープについているお星さまで、きらきらしてるのを作りたい」と言った場合は、星形に切った紙とスズランテープでどう、と提案したり、衣装なら、今回はカラーポリ袋で、とか不織布で、というように、保育者が見本を作って子どもたちにプレゼンします。もちろん見本とは違った素材で作りたいという子もいて、それも取り入れて変化していきます。

行事スケジュール表

　今年は準備として衣装作りや、天の川作り（星作り、魚作り）をして、そのなかで歌と踊りをしたいということになりました。

　保育者が担当ごとに作っている行事のスケジュール表。衣装を作りたい子は、当日までにできるよう、6月中に準備をして、7月から作るように計画。製作コーナーに作り方を書いた紙を準備するなどして、普段の保育のなかで無理なくできあがるよう配慮していました。

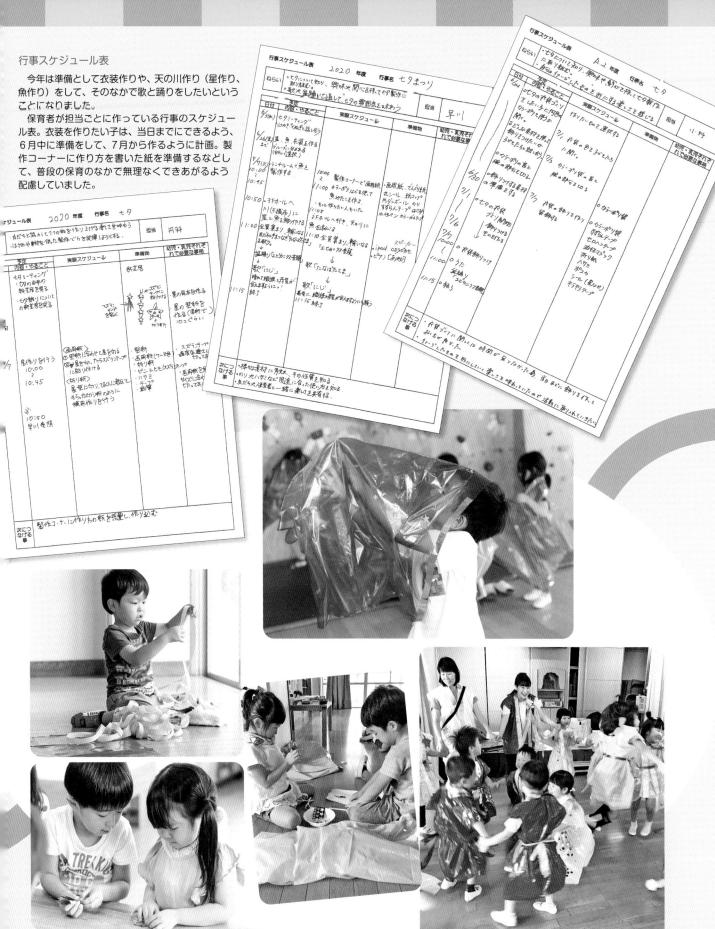

3 ｜ 七夕当日

当日も、製作コーナーでの飾りなど
の製作は続行。11時からの集まり直前
まで製作し、3階ホールに飾りました。

子どもたちと決めた、集まりのメニュー

● みんなで輪になって手をつなぎ
「たなばたさま」を歌う
● 「エビカニクス音頭」を踊る
● 晴れて、織り姫と彦星が会えるよう
願いを込めて「にじ」を歌う

0〜2歳児 ｜ 別メニューで

0〜2歳児は、3〜5歳児とは別メニューで七夕を楽しみます。
普段のあそびと自然につながるような活動を心がけます。

0・1歳児 流しそうめんあそび

七夕といえば、流しそうめん。というこ
とで、流しそうめんの装置を設定し、いろ
いろなものを流して遊びました。こちらで
は、七夕にそうめんを食べる習慣がありま
す。当日0歳児は、体調のよくない子が多
かったので、見学に変更しました。

2歳児 造形活動から連動しての七夕クッキー作り

紙粘土や油粘土を使ったあそびを5月か
ら継続し、ファミリーデー（6/23）では、
プレゼントとして紙粘土のペン立てを製
作。混ぜる、型抜きを楽しめるというつな
がりから、七夕は実際に食べられるクッ
キー作りを体験しました。

54

保育者も子どもも対等に話す文化

子どもたちとのミーティングでは、子どもから、こうしたいという意見がどんどん出てきます。それは、大人と子どもの関係のあり方もひとつの要因だと思います。寺子屋大の木の子どもたちは、保育者に対しても「○○先生」ではなく「○○ちゃん・さん」や、あだ名で呼んでいます。今を共に生きる仲間としての認識を小さなことから作っていくことで、子どもたちが保育者と対等に話し、堂々と意見を言う文化につながっています。

参加しなくても気持ちがつながるように

七夕では、子どもたちの意見を取り入れていった結果、保護者の全員参加をやめることになりましたが、保護者とは、できるだけ情報を共有することで理解していただくように気をつけています。日常的に、毎日子どもの様子を伝えたり、日常の写真を販売したり、成長した様子を伝える成長ストーリーの発行などを行っています。新型コロナ感染予防のため、保育室の中には入っていただけない時期も、見ていただけるスペースを作って、発信を続けています。

「子どもの育ち」に合わせた「子ども主体」を

4、5歳児は、ミーティングでみんなと意見をつくっていき、3歳児は4、5歳児と一緒に活動しながら、自分たちで参加したい活動を選びとります。2歳児は、日頃のあそびからつながった活動のなかで、それぞれの主体性を発揮させ、0、1歳児は、一人ひとりの様子を保育者がよく見ながらあそびを提案していきます。一緒に遊び、子どもを理解することを大切にしています。

大豆生田先生より mame memo 異年齢保育での話し合いを活かす

七夕のイベントを自分たちで話し合って決めることへの転換。すばらしいですね。しかも、異年齢保育。これまで経験のある4・5歳児が話し合うことの中心となり、3歳児は七夕について知る機会となるという設定もよいですね。何もかも、一緒がよいわけではありません。さらに、子ども主体でありつつ、保育者も主体的なスタンスです。製作物のプレゼンを行っていますね。でも、決めるのは子ども。おそらく、保育者からの情報提供によってイメージが広がったでしょう。もしかすると、次年度は、今年度の経験が基盤になるから、同じような保育者のプレゼンはいらなくなるかもしれませんね。そのことも含め、よく考えられたミーティングだと思いました。

園外保育

幼保連携型認定こども園
順正寺こども園
（広島県広島市）

園長　伊藤唯道
指導保育教諭　本田智秋
保育教諭　仁田菜月

「すみれ遠足へ
行こう！」

子ども主体の行事へ、私たちのチャレンジ。
5歳児が自ら企画する園外保育。

1955年設立の保育園として長い歴史を積み重ねてきた園ですが、
2017年度から幼保連携型認定こども園へ移行しました。
この、こども園への移行準備とほぼ時期を同じくして、
子ども一人ひとりをより大事にしていきたいという思いから
保育者主導の一斉保育から、子ども主体の保育に変えていこうと、
保育の見直しを始めました。
5歳児の園外保育も、こんなふうに姿を変えました。

以前は、こんな園外保育でした。

数十年もの間、変わらず行ってきた「JRたんけん」

決まったコースを見学していく、受け身の行事になっていた。

　毎年秋になると、5歳児すみれ組が行く「JRたんけん」。
　路線バスに乗って広島駅まで行き、駅員さんの案内で、駅の中や新幹線などを見学するというもので、数十年もの間、取り組み内容も、スケジュールも、ほとんど変わることなく、保育者主導で行ってきた行事でした。

　「子ども主体の保育」を探求し、さまざまなことを見直していくなか、この「JRたんけん」も見直すことにしました。職員からは、こんな声が。

● 鉄道好きな子には楽しい行事かもしれないけれど、興味のない子にとっては、どうなのだろう？
● 子どもたちは、どんな園外保育をしたいと思っているのだろう？
● 私たち保育者は、この園外保育を通して、子どもたちにどんな体験をしてほしいのだろう？

before

行きたいところに行く園外保育

1 | 「すみれ遠足」取り組みがスタート

　職員間で話をしていくうち、この園外保育を通して、5歳児には、「みんなで考えて、みんなで決めて、みんなでやり切った」という経験から、自信と達成感を味わってほしいという願いが生まれました。そこで、行事の名前も「JRたんけん」から「すみれ遠足」と改名し、子どもたちと一緒に、一から作り上げていく園外保育を目指して、取り組みを始めました。

どこへ行きたい？

9/5
10がつ8か　すみれ えんそく　どこに いきたい？

・はなび
・なかこうじょう
・おもちゃおうこく
・どうぶつえん
・むしがいるところ（こんちゅうかん）
・ゆめたうん
・えいがをみにいく
・げーむせんたー
・ぽけもんせんたー
・れごらんど
・ゆなちゃんのおかあさんのびょういん
・たいそうきょうしつ
・げーむせんたー

・ゆうえんち
・しょーをみにいく（ふりがるありゅうをみるじゅう・じぞう）
・れくと
・まりーなほっぷ
・ほてる
・ぷうねたりうむ（ぷらねざ☆あまおぼしょ）
・すいぞくかん
・はわい
・おもちゃやさん
・きゃんぷ
・ばーべきゅー
・ぷーる（ふぁみりーぷーる）
・けーきやさん
・ぱんやさん
・れすとらん

・でんしゃにのる
・でぃずにーらんど　でぃずにーしー
・ぴおくえんしょっぷ
・ゆにばーさる
・れごらんど
・ひこうきにのって…うっでぃーのところにいきたい！
・おとうさんのおしごと（ふね）けんがく
・きょうりゅうてん
・ほんやさん

　「すみれ遠足」取り組み初日。「みんなは、すみれ遠足でどこへ行きたい？」という担任の問いかけに、たくさんの「行ってみたい場所」が出てきました。動物園、映画館、ゲームセンター、レストラン、100円ショップ、ハワイ！　などなど。なかには、お父さんやお母さんが働いている仕事場へ行ってみたい、という子もいました。

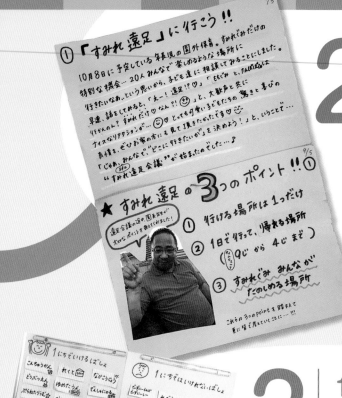

2 | 園長からの 3つのポイント

　子どもから行きたいところがたくさん出てきたところで、園長が遠足の行き先を決めるときのポイントを3つ、子どもたちに伝えました。

① 行ける場所は1か所だけ
② 日帰りできる場所
③ すみれ組のみんなが
　楽しめる場所

3 | 1日で行ける 場所って どこだろう？

　そこで、これまでに出た「行きたい場所」を1日で行って帰れる場所と、帰れない場所とに分けてみることにしました。ほとんどの場所が日帰りできることがわかりましたが、なかには意見が分かれたものもありました。

　例えば、大阪にあるユニバーサルスタジオジャパンは、「日帰りできるよ！」という子と、「泊まらなきゃ無理なんよ！　だって遠いもん」という子に意見が分かれました。日帰りできるといった子は、家族で出かけたときに、朝早く新幹線で行って、その日に帰ってきたという経験があったのだそうです。

　また、夜のキャンプを体験している子は、日帰りは難しいと主張しました。けれど、話し合いをするなかで「デイキャンプ」という方法があることを知ると、「それならみんなで行けるかも？」「でも、雨が降ったらどうする？」と話は盛り上がっていきました。一人ひとりの経験の違いから異なる意見が出ることで、「なぜ？」とそのことを追求したり、知らなかったことを知る機会になったりして、対話は深まっていきました。

4 ┃ みんなが楽しめる場所はどこだろう？

より一人ひとりの意見を引き出していくために、少人数のグループに分かれて話し合いをすることにしました。すると、全員で話していたときよりも話しやすくなったようで、「科学館は遊べるところがたくさんあるけえ、みんなで行ったら楽しいかもしれんよ！」というように、具体的な理由を添えて、自分の考えを伝え合う姿がありました。

5 ┃ 揺れる思い……ドキュメンテーションから

取り組み当初から「自分のお父さんが経営しているケーキ屋さんに行きたい！」と話していたYさん。しかし、話し合いが進むにつれて、そんな自分の気持ちと、"みんなで行って楽しめるのだろうか"という気持ちとの狭間で、心が揺れているようでした。

友達はYさんの気持ちに寄り添うようにさまざまなアイディアを提案してくれていましたが、Yさんの表情は浮かないまま……。

その数日後、Yさんは自分で"お父さんのお店には行かない"ことを決め、その思いを友達に伝えていました。Yさんは葛藤しながらも、自分の気持ちと一生懸命に向き合い、そして友達にも思いを受け止められたことで、折り合いをつけることができたのかもしれません。

子どもたちが話し合いのなかで、ただ場所を決めるだけでなく、さまざまな葛藤や思いを感じていることを保護者の方々にも知ってもらいたいという思いから、このエピソードは、ドキュメンテーションにして発信しました。

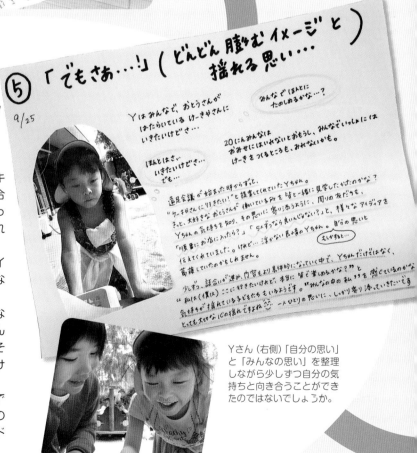

Yさん（右側）「自分の思い」と「みんなの思い」を整理しながら少しずつ自分の気持ちと向き合うことができたのではないでしょうか。

6 | 水族館（アクアス）に決定！

話し合いを始めて20日目。ようやく島根県にある「海洋館アクアス」という水族館に行くことが決まりました。決まった瞬間、飛び上がるほど喜んだ子どもたち。自分たちでとことん話し合い、納得して決めた場所だからこそ、決まったときの喜びや達成感は、大きかったのかもしれません。

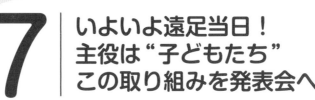

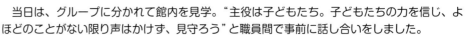

部屋の一角に「すみれ遠足コーナー」を設け、遠足に関する情報を掲示したり、海の生き物に関する絵本や図鑑を置いたりすることで、年下の子どもたちとも自然に遠足や海の生き物についての話題が飛び交うようになりました。

いよいよ子どもたちだけの大冒険がスタート!! 友達の手を握る手のひらにも、ぎゅっと力が入ります。"友達がいるから大丈夫！"

7 | いよいよ遠足当日！ 主役は "子どもたち" この取り組みを発表会へ

当日は、グループに分かれて館内を見学。"主役は子どもたち。子どもたちの力を信じ、よほどのことがない限り声はかけず、見守ろう"と職員間で事前に話し合いをしました。

「みんな、集まって」「みんないる？」と互いに声をかけ合ったり、時には「俺はこっちに行きたい」「私はこっち……！」と、気持ちがぶつかり合うこともありましたが、そのたびに思いを伝え合い、自分たちで折り合いをつけ、解決しようとする姿に成長を感じました。

当日の様子は、ドキュメンテーションで保護者に伝えましたが、子どもたちと相談して、発表会でも、全員が体験したすみれ遠足のことを発表することにしました。"何を伝えたいか""どんなふうに表現したいのか"を子どもたちと一つひとつ話し合い、みんなで創っていくことを大切に、取り組んでいきました。

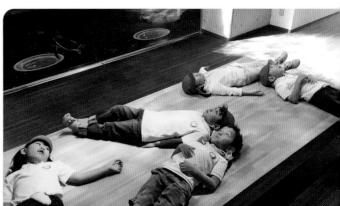

早速、スケジュール作りが始まります。自宅でショーの時間を調べてきてくれた子がいたことをきっかけに、ウェブサイトでどんな生き物がいるのか、どんなルートで見て回ろうかなど、グループに分かれて調べることにしました。

子どもたちは　語り合いのなかでの、一人ひとりの成長

　行く場所を決めるところから、当日の見学まで、すべて自分たちで決めたはじめての経験は、子どもたちをたくましく成長させてくれました。自分が“こうしたい”という思いと、自分とは違う思いの友達と、対話を重ねながら、一つのゴールに向かってまとめていけるようになったことは、大きな変化でした。

保育者は　子どもたちの成長を保護者に伝える工夫

　「すみれ遠足」のように、保護者が直接見ることのできない行事では、保育者が発信するドキュメンテーション等を通して、子どもたちの成長の様子を伝えています。今回のすみれ遠足では、それだけでは伝え切れないことを、発表会で子どもたちが自分たちで演じる劇という形で伝えることができました。保育や行事を変えていくことは、保護者の理解も不可欠です。伝え方を工夫するのも保育者の果たすべき役割の大切な一つです。

保護者は　子どもと一緒に行事とかかわる楽しさ

　話し合いのプロセスなどが、ドキュメンテーションなどを通して伝わっていると、行事に対する保護者の関心も自然と高まっていきました。家庭でも、インターネットを使っていろいろなことを調べたり、参考になるものを持たせてくださったりと、子どもと一緒に行事にかかわることの楽しさを感じていただけたようです。

大豆生田先生より　mame memo　子ども自ら行事を企画することでの成長

　多くの園での園外保育は、行き先や内容が保育者によって決められている、あるいは例年同じ内容になっているものでした。この園はそれを大きく見直したのです。年長児のこの時期の育ちとして保育者が願う姿は、「仲間と考えて自信と達成感をもってほしい」というもの。大人が全て決めてしまっては、その姿は生まれてきません。そこで、子どもの声を聴き、自分たちで決めることを重視したのです。その結果、困難を乗り越え、自信と達成感につながる、実にたくさんの成長のドラマがありました。それは、保護者にも「子どもってすごい」と思わせるものとなったのでした。まさに、子どもの声を聴くことの大切さが見える事例です。

子どもたちが考え、楽しむ「わんぱく祭り」

何をして楽しむか、子どもたちが進めていくお祭りに。

お泊まり保育が「わんぱく祭り」となり
デイキャンプに変わりました。
5歳児だけで楽しむ「夜のお祭り」。
自分たちで考えたメニューを思いきり
楽しみました。

デイキャンプ

幼保連携型認定こども園
さくらこども園
（京都府舞鶴市）

園長　森田達郎
副園長　森田あゆ美

保護者、保育者と一緒に楽しむ行事

以前の
「お泊まり保育」は

「お泊まり保育」は、土曜日の夕方に集まって、園に一泊し、日曜日にお迎えに来てもらうという日程で行っていたもの。お父さんたちがショーを見せてくれたり、保育者も一緒にゲームをしたり、とっても盛り上がる楽しい行事でした。

しかし、保育を「子ども主体」に変えていくのに伴って、行事も変革していきたいという流れのなか、保育園では、子どもたちが主体的に取り組む行事にしたいと考え、子どもたちと一緒に、どう変えていくのかを考えはじめました。

before

子ども主体の
デイキャンプに

自分たちで作って楽しむ
お祭りにできないか

土日に行っていたお泊まり保育を、平日金曜日の朝から通常保育のなかでカレー作りなどを行う、日帰りの行事にしました。夜には、保護者も一緒にキャンプファイアーなどを楽しむことにしました。

さくらぐみだより

☆みんなで買い物☆　　☆夕食いただきます☆

令和元年9月　No.5　さくらこども園　担任　山本歩　井上葵　眞壁千紘

さくら組になってから半年近くが過ぎようとしています。8月30日（金）心配していた雨もやみ、無事わんぱく祭りが開かれました。保護者の皆様にはご理解ご協力を頂きまして、心より感謝いたします。ありがとうございました。リアルお化け屋敷に涙するお友だちもおり心配しましたが、月曜日元気に登園し、話をしてくれました。良い思い出になって良かったです。

前日にこうじやへ買い物に行きました。園外へ出ることで場や状況に応じた行動をとることや、お店の人と接する事で社会とのつながりを意識できるような体験を大切にしています。「ありがとう」などの挨拶の大切さも伝えています。

☆夏野菜カレー作り☆

クッキング開始！実際に食材に触れ、包丁で切った時の野菜の硬さや、皮をむいた時の匂いなど、五感を使った体験を大切にしています。調理器具の使い方や、友だちと分担して協力することの難しさや楽しさを学んでいます。

☆わんぱく屋台村☆

スーパーボールすくい

敷に興味があるさくらさん。手作りの財布の中には本物そっくりの手作りのお金1500円が入っています。お店の人にお金を渡してお釣りをもらって、次の店に行くというルールです。遊びの中で文字や数字に接しながら親しむ体験を大切にしています。月曜日に一番おもしろかった屋台を聞いてみると・・・わずかの差でお面屋さんでした！

カレーライスの手あそびを披露してくれました。カレーのお味は・・夏野菜の素材が引き立つ優しい味でした。苦手なお友だちもおかわりをしてくれました。

☆お化け屋敷のお化けたち☆

朝から遊戯場をお化け屋敷へと変化させ大忙しの子どもたち。それぞれどこに隠れてどうやって脅かすかを考えました。身近にある素材でイメージして作ったり、友だちと工夫することで新たな考えを生み出し、表現することの楽しさを学んでいます。完成すると誰か脅かしたいな・・という意見から、小さいクラスのお友だちを招待しました。生き生きと瞳が輝く遊びでした。

☆わんぱく祭りの詳しい様子は写真を掲示しますので、お迎えの時にご覧ください。秋の活動も子どもたちと一緒に心動かされる体験をしていきたいです。今後ともよろしくお願いします。

2019年度 子どもが主役のわんぱく祭り1年目

　わんぱく祭りで行うイベントは、お泊まり保育時代から続けているものも多いのですが、それぞれの活動が「子ども主体」で行われるように、1か月前から、やりたいことを子どもたち同士で話し合ってきました。
　メインのイベントは、ホールにお化け屋敷を作って、お客さんを驚かすこと。夕食は、自分たちで買い物をして作ったカレーライス。その後はキャンプファイアーに花火も楽しみました。

お化け屋敷は、子どもたちがしかけや衣装も考えて、自分たちで作りました。

夕飯はやっぱりカレーが食べたい！　夏野菜をたっぷり入れたカレーを作りました。野菜が苦手な子どもも、自分が作ったカレーは残さずモリモリ。

キャンプファイアーなど、夜のプログラムは、お迎えに来てくれた保護者と一緒に楽しみました。

新型コロナ禍のわんぱく祭り2020

2020年は「迷路と恐竜」。迷路の中にクイズやパズルなどチェックポイントがあり、クリアして、すべり台を降りると「恐竜の世界」が広がるというコンセプトを子どもたちが考えました。
夕食は、やはりカレーが一番人気でカレーに決定。中に入れる具を子どもたちと決めました。
新型コロナウイルス感染予防の観点から、花火は自粛しました。

お化け屋敷に変わるメインイベントは、クイズ迷路と恐竜。子どもたちが相談して、自分たちで作りました。

「きょうりゅう」がテーマになったのは

「恐竜をおりに捕まえたい」と言って、空き箱や紙パックで、恐竜を入れるおりを作り始めたAくん。これが恐竜のあそびの始まりでした。「怖い恐竜を作る」と、肉食恐竜の研究を続けるAくん。鋭い目や食べる口に工夫しています。それを見たBくんは「一緒に戦う恐竜を作る」と参加。同時に動物園に興味をもつ子もいて、トキ、イノシシ、ハトを作る子もでてきました。

春頃作っていた電車に、作った恐竜やお弁当などを載せて旅行に行く、というあそびにも発展し、恐竜のあそびは続きます。

どうしたら、みんなが喜ぶかを考える

わんぱくまつりまで1か月という頃、どんな内容にしたら、お父さん、お母さんが喜ぶのか、話し合いました。普段遊んでいる恐竜や動物コーナーは、山や木を作って、周りの自然を意識した作りに、パズル・クイズコーナーでは、案内役などの役割分担をしました。先生たちも招待することに決めました。

夕飯はやっぱりカレー。

キャンプファイアーは、お迎えに来てくれた保護者と一緒に楽しみました。

65

 子どもたちは **「言葉による伝え合い」を大切に**

行事の話し合いのなかで、相手の意見を聞き、自分のなかで考えてから意見を言うというやり取りを大切にしています。お互いに意見を交わしながら、気持ちを伝えたり受け入れたりすることです。話し合いのプロセスで、少々のトラブルがあっても、保育者はそばで見守り、子どもたち同士で解決できるようにしています。言葉で伝えることが苦手な子や緊張してしまう子もいますが、保育者に助けてもらいながら自分の意見を言葉で伝える経験を重ね、その意見を受容してもらう体験を重ねることで、次第に自信がついてきています。

保育者は **研修や会議で保育者をサポート**

保育者の経験や知識の向上のため、研修や会議にも力を入れています。保育者自身が自分の意見を出し合うことで、資質の向上につながり、子どもたちの主体性を引き出すきっかけになればと思っています。

頻度	頻度	出席者	開催する時間帯
職員会議	月に1度	正規職員全員	夜7時まで
パート会議	月に1度		昼間に行う
クラス会議	月に1度	クラス担任と園長、副園長、主幹	昼間
クラス代表会議	週に1度	クラス代表者と園長、副園長、主幹	昼間
明日の予定会議	毎日10分程度	乳児、幼児から1名ずつ	昼間

 保護者は **アンケートで保護者の意向を確認**

行事の際は、保護者にアンケートをとって次に活かすようにしています。わんぱく祭りでは、子どもたちが考えた迷路などを体験してもらいましたが、コロナ禍で中止になった行事も多いなか、行事を行ったこと自体に感謝の気持ちをもたれた方も多く、大変喜んでいただきました。人数制限を行ったことで、待ち時間も長くなってしまったので、その間に子どもたちの様子をビデオで流してほしかったという意見がありました。

 大豆生田先生より **mame memo**

「受動型」から「主体型」への転換の意義

こちらの園は、これまで一斉中心の保育形態でしたが、舞鶴市の研修などを通して、子ども主体の保育へと大きく転換してきた園です。コーナーを充実させることで、あそびによる活動と学びが活発になりました。行事の見直しは、子ども主体の保育への転換の流れのなかにある取り組みの延長にあるものでしょう。ショーを見せてもらったり、決まったゲームをするなどの「受動型」から、自分たちで考え、話し合って企画を作る「主体型」への転換です。一人の子の恐竜への興味から広がっていったあそびが「恐竜の世界」として活かされていったのはとてもいいですね。子ども同士が言葉で伝え合いながら作っていくプロセスも、「受動型」では経験できなかったと思います。

子ども主体の園行事の取り組み

作品展

保育を変えるためには
行事を変えることが不可欠

「作品展」が年ごとに姿を変え、「クラス開放」にまで発展。

1953年開園の歴史ある保育園として、長く行事中心の一斉保育を行ってきた、さくらこども園。
2016年に、あそびを中心にした子ども主体の保育への転換をスタート。
園内研修、外部講師を招いての研修、外部研修への参加を通して
保育者の学びを積み重ね、環境、あそび（保育）、行事を変えていくことに。
この大きな変革を始めて5年。
保育の変化に伴って、年ごとに行事の姿も変わってきました。
ここでは作品展の変遷を例に、さくらこども園の変革の様子を見てみましょう。

作品展1

幼保連携型認定こども園
さくらこども園
（京都府舞鶴市）

園長　森田達郎
副園長　森田あゆ美

テーマ「絵本の世界」

以前は、こんな
作品展でした。

作品展に向けて、テーマを決め製作に励む

変革前の作品展は、毎年クラスごとにテーマを決め、保育者主導で、大小さまざまな作品を子どもたちと一緒に作り、展示して保護者に見てもらうというものでした。各担任は毎年工夫を凝らし、子どもたちも、お父さん・お母さんに見てもらおうと張り切り、作品展に向けて見応えのある作品をたくさん作って、保護者にも好評でした。

before

子ども主体の
作品展へ

「さくら展」、「さくらみち」と名前を変えながら

これまでのようにテーマに合わせて製作することはやめ、自分たちで（自分で）遊びたいものを作って、普段遊んでいる作品を見てもらう、という作品展に変えていきました。

普段のあそびの延長上の製作物たちですから、途中のものや遊んでくたくたになったものもあります。展示は、以前に比べると作品の意図が伝わりにくいです。そのぶん展示に添える説明プレートやおたよりなどで、子どもたちがどのようにあそびを展開し、楽しんでいるかのプロセスを伝えるように心がけました。名称も、「作品展」→「さくら展」→「さくらみち」と年ごとに変えてきました。

2018〜2019年度の「さくらみち」

H30.12がつ
8にち 9:00〜17:00
9にち 9:00〜17:00

最後の作品展で、「これまで」と「これから」を考える

年に一度の作品展としては最後の年となった2019年。
普段のあそびをそのまま、という見せ方は定着してきました。
このときの作品展の様子を、学年ごとに紹介します。

0・1・2歳児

　0・1・2歳児では、担当制を導入したことが、一連の改革のなかでも大きなできごとでした。5年が過ぎた今ではすっかり定着し、一人ひとり違う子どもの思いを受け止めて、その子に合った無理のない活動ができるようになりました。

　作品展も、そのときに子どもたちが興味・関心をもって遊んでいるものや、1年間にやってきたことを記録的に見ていただくように考えています。

0歳児のお部屋。
普段の様子を見てもらいます。
（2018年度）

子どもの普段の姿を展示（2018年度）

2歳児のコーナー（2019年度）

お散歩で拾ってきたどんぐりなどを材料に、製作しました。2歳児もはさみを使い始めています。（2019年度）

3歳児

ごっこあそび満開！

　3歳児は、いろいろなお店屋さんごっこ、車の走る道路を作るあそびなど、さまざまなごっこあそびが毎日繰り返されています。今はやっているのは、ハンバーガーショップなど。子どもたちから「これがしたい」と遊べるようになってきました。

3歳児のコーナー。普段のあそびの充実ぶりが
見て取れる作品がいっぱい！
（写真左 2019年度／写真上 2018年度）

4歳児

作りたいもの見つけた

作りたいものを自分たちで作る力がついてきた4歳児。はさみも上手に使えます。

子ども動物園を作りました。ずっと遊んでいたので使い込まれてよれよれに。
（2019年度）

4歳児、ごっこあそびから発展したお店や、シアターも。
（2018年度）

5歳児

子ども同士で話し合って プランニング

5歳児は、避難訓練で実物を見て作りたくなった消防車など、力作がずらり。子ども同士で何を作るのか、何で作るのがいいのか、話し合って決めています。

カメラやビー玉転がしなどの遊べるもの。（2019年度）

消防士さんになって、乗り込むこともできます。（2018年度）

2020年度 作品展からクラス開放へ

年に一度から2か月に一度に

そして、2020年、さくらこども園の「作品展」は、また大きく変わりました。年に一度の「さくらみち」をやめて、2か月に1回「クラス開放」をすることにしたのです。

職員間の話し合いで、年に1回のさくらみちでは、やはりその日に向けての製作や絵画になりがちで、子どもの「いま」を知ってもらうことにはならないのでは、という意見が大きくなってきたからです。

2か月に1回、3・4・5歳児の部屋を夕方開放し、今のクラスの様子、盛り上がっていることを保護者に知ってもらおうという、「作品展」という行事の、究極の発展形です。1年目の2020年度は、コロナ禍のために、きっちり隔月とはいきませんでしたが、6月、9月、11月と3回行いました。

11月は2歳児の部屋も開放しました。

6月

作品をつるして
展示（3歳児）

おうち作り
（5歳児）

色水、絵の具あそび（4歳児）

新幹線（3歳児）

9月

お店屋さんごっこ大好き（4歳児）

虫のおすもうコーナー
（5歳児）

クレヨンで描いたり
絵をしたり（2歳児）

机の上にはブロックの作品
（3歳児）

11月

おいもの劇の
ステージとお面
（4歳児）

水族館を作ろう
（5歳児）

4歳児 うめ組

うめぐみだより

さくらこども園　令和2年11月号　No.5　山本歩　岡山和史

爽やかな秋晴れの日が続いています。運動会では保護者の皆様のあたたかい声援の中、元気いっぱい体を動かし、ひと回り大きく成長した子どもたちです。ありがとうございました。さて、11月6日は、クラス開放の日です。子どもたちが遊びの中で作った作品や絵を展示しますので、お忙しい時間帯だとは思いますが、ゆっくりとご覧ください。

いっぱい絵を描いたよ♪

これまで、絵の具を使った遊びを楽しんできましたが、最近は絵の具を使って絵を描く機会を多く持っています。4歳頃から見られる描写は『上下左右が決まり、空間の表現が出てくる。印象に残った場面は大きく描き、概念が確立してきて、より具体的に描こうとする。また、友だちの描き方に関心を持ち、影響を受けるようになる。』とあります。子どもたちは絵を描くことが大好きで、筆を握るとぐっと集中し、自分の世界に入っています。今後も、子どもたちが紙に向かってのびのびと表現できるよう環境を整えてサポートしていきたいです。

大きなおいもの劇場コーナー♪

先日、さつまいも掘り、焼きいも大会がありました。その楽しかった体験をそのまま劇にして誕生会で披露することになりました。「誰がさつまいもを掘る？」と聞いたところ、「おとうさん」「おねえちゃん」といろいろな意見が出て、ストーリーがあっという間に決まりました。次の日から、お面づくりや小道具づくりが始まりました。誕生会まであと数日しかない中で、子どもたちが一丸となり、作り上げたおいもの劇。当日はどうなるやら？ドキドキですが、今後も友だちと一緒に考えたり工夫したりして、一緒に表現する喜びを感じていってほしいです。

その他、秋の自然物で作ったものや廃材で作ったもの、大好きなラキューで作ったものなどを展示します！

保育者は　クラスだよりで解説

クラス開放の前日にクラスだよりを発行して、解説をしています。保護者は基本的にお迎えを兼ねて、見ていってもらうという形ですので、当日の案内は子どもが自分でしています。子どもの「いま」を見ていただくということでは、年に一度の作品展よりもずっとわかりやすく、子どもの成長を保護者に伝えるという意味でも伝えやすい形です。

保護者は　子どもが変わった姿を実感して納得

家にいるときにも、「このお菓子の箱持って行って、電話作ってくる！」と言っていたり、その日に遊んだことを話してくれる様子などで、子どもが園に行くのを楽しみにし、いきいきと過ごしている様子を実感されているようでした。

大豆生田先生より mame memo　作品展からクラス開放へ

これまでの作品展という概念をやめて、2か月に一度のクラス開放に変えた取り組みはすばらしいですね。確かに、年に1回の作品展だとどうしても「見せる」という発想が強くなり、そのための準備の保育という枠に縛られてしまいます。子ども主体の保育に転換してから、子どもが日常的にあそびのなかで作り出しているプロセスそのものに意味があるのだから、ある意味では必然だったのかもしれません。あそびそのものが、アートですからね。アートを保育の中心に位置づけるという意味でもよいですね。おそらく、このように転換することで、保護者の、園の保育への理解が深まり、日常的な子どもや保育者との会話も増えていったことでしょう。

普段のあそびを
表現にかえる

子どもたちの1年を伝える「生活の中の造形展」。

谷戸幼稚園の造形展は、毎年2月に行われます。
まさに、子どもたちの1年間を
まるごと見てもらう「生活の中の造形展」。
子どもが何に興味をもち、遊んできたのか
作品の一つひとつから、子どもの成長が見て取れます。

作品展2

谷戸幼稚園
（東京都西東京市）

園長　伊藤裕子

真ん中に「ひみつき
ち」。たくさん遊び込
んでいる様子が伝わ
ります。4歳児。

3歳児の保育室。元気いっぱいの
絵の具の作品が印象に残ります。

生活の中の造形展とは

造形表現の実践では定評のある谷戸幼稚園の造形展。コロナ禍が広まる寸前の2020年2月に実施された「生活の中の造形展」を見せていただきました。

園生活のなかで、さまざまに心を動かす3歳児、友達とのかかわりも活発になりイメージがふくらんでいく4歳児、仲間とともに育つなかで表現を深めていく5歳児……。一年の最後に、日々のあそびや生活のなかで、子どもたちがいろいろな方法で表現してきた作品が、園生活の写真やコメントとともに展示されています。

のびのびとしたお
にの絵がいっぱい。
5歳児のお部屋。

子どもたちの1年間をぎゅっと展示

子どもたちの1年間が、作品を通して伝わるのが、谷戸幼稚園の造形展。
造形展のために作るのではなく、子どもたちがこの1年間、楽しんだこと、がんばったことの総集編です。

5歳児のあそび＝興味・関心
の展開を図にして解説。

普段のあそびから

子どもたちが興味をもって、毎日遊んでいるものだから、どんどん新しいもの、新しいアイディアが生まれます。

3歳児クラスは、なんといっても
ごっこあそび。遊んでいる様子は、
写真や動画で展示。

身近な生き物から

カタツムリを飼っていた4歳児クラス。カタツムリくんが遊べるスペースを考え、工夫を凝らしています。

ほら、ここにいますよ。

行事から

5歳児は、運動まつりをやりきった充実感が刻み込まれたような作品たちがたくさん並んでいました。
（p.40〜41参照）

ページェントにはみんな集中して取り組みました。

節分。豆まきをしておにを描いた！

最後の運動まつりに集中していた頃。

四つ切りの紙を2枚貼り合わせた大きな画面に、腕を動かして描きました。
左から、リレー、ページェント、ピラミッド（組体操）。
どれも運動まつりで心に残ったシーンです。

一人ひとりの成長を見せる工夫

子どもの作品をピックアップして写真とともに、解説つきで紹介。

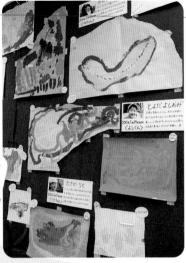

 子どもたちは　保育者は

「奥深くておもしろい子どもの世界」を伝える

　日常のなかで、生活展のために描いたり作ったりすることはなく、もちろん、作品として完成させることは目指していません。描いたり作ったりは子どものあそびであり、そのなかで子どもたちが創意工夫を発揮し成長し合っていること、「子どもの世界って、奥深くておもしろい！」それを保護者の方々に伝えられたらと思います。

　ですから、担任たちは、遊んで汚れた武器とか、くたくたになった段ボールの家とか、捨てられてしまうような切れ端に描いた絵とか、いろいろなものをとってあるし、写真もチャチャッと撮っています。子どもたちも、自分たちが楽しんで描いたり作ったり、友達と考えたごっこあそびなどをおうちの人に見てもらえるのはうれしいだろうな、と思います。

 保護者は

触って、見てもらうことが子ども理解、保育理解につながる

　年4回ほどのクラス懇談会では、日常の写真を組んだパワーポイントで保育のねらいや子どもの成長の姿を伝えており、また、生活展前には「幼児期の表現」について外部の講師を招いて講演会をするなど、さまざまなアプローチを工夫しています。生活展当日は、絵の具や土粘土、ごっこの場など、遊べるコーナーも作り、保護者の方々には実際にご自分の手で触っていただくこと、お子さんが描いたり作ったりするところを見ていただくことが、子ども理解、保育理解につながるように思います。また、園庭では、お父さんたちの焼き芋屋さん、焼きマシュマロ屋さん、大人用のホットコーヒーも開店して、ほっとできるコーナーになっています。

あいにくの雨天のなか、お父さんたちの焼き芋屋さん。

 大豆生田先生より
mame memo 日常のあそびや生活がアートであることを可視化する場

子どもたちの絵がとても魅力的で、圧倒されます。この園が、歴史的に子どもの表現やアートを大切にしてきたか、子どもたちの生活そのものをアートとして捉えてきたかが見えるようです。写真からも、ごっこあそび、カタツムリの飼育、運動まつりや節分等から生まれてきたものなど、生活やあそびの体験そのものが表現を生み出す場であり、アートであるかがわかります。運動会での自分の姿を描いているのもいいですね。どのようなテーマで保育者が投げかけているかも大切です。現在においては、steam教育などと言われ、学習活動の中にart（つまり、感じることやセンス、表現すること）の根源が乳幼児期の保育のなかにあることがわかります。

子ども主体の園行事の取り組み

発表会

「あさがおえいがかんへ ようこそ」

子どもたちの日頃の活動を、そのまま見てもらう発表会。

1966年開園のせいめいのもり（当時は幼稚園）。
1985年頃にはすでに子ども主体の保育への変革を行っていました。
2007年度に現園長が就任してから、改めて保育の見直しを行い、
5年ほど前からは、さまざまな園に学びながら、行事や環境の改革を進めてきました。
子ども主体の保育、という意味では長い経験を積んでいるせいめいのもりですが、
行事をも、子ども主体にしていくという意味では、まだまだ発展途上とか。
今後も悩みながら変革を続けていく途中です。

発表会1

幼保連携型認定こども園
せいめいのもり
（北海道札幌市）

園長　司馬政一
あさがお組担任　古瀬里奈

かわいい衣装で登場する子どもたちを見て、保護者は楽しんでいたけれど……。

以前は、こんな発表会でした。

大人に迎合した「見せる」発表会

　3、4年前までは、どの学年も大道具は保育者の手が入り、大人の作った衣装を全員に着せていました。例えば3歳児は、保育者の誘導でステージ中央に出てきて、ポーズを決めて拍手をもらうという、保護者の目を意識した大人受けする演出を考えがちでした。

before

子どもの本質を
表出させる発表会

子どもが話し合いを重ねて作りだすオリジナルストーリー

　行事を子ども主体に見直すなかで、大道具は子どもたちだけで作るようになり、衣装も、着たい子どもは自ら製作し、着たくない子は、あえて着ないという選択ができるよう、保育者の意識が変わってきました。既製の曲や歌に合わせて踊ることは減り、オリジナルストーリーの劇を子どもたち中心に作り上げる、といった演目に変わってきています。

子どもが見せたいものを見せていく
「だんすか だんすか」（4歳児たんぽぽ組）

大好きな絵本をアレンジして
「どうぞのいす」（3歳児みかん組）

　2019年度発表会となると、子どもたち主体で作り上げられた演目が目白押し。ここでは、5歳児あさがお組の実践を紹介します。

1 | きっかけは映画館ごっこ

　ごっこあそびが好きな子が多く、動物園ごっこ、忍者ごっこ、警察ごっこ、YouTubeごっこ……と、さまざまなごっこあそびを楽しんできました。そんなある日、部屋にカーテンがあることに気づき、閉めると部屋が暗くなることを発見して、映画館ごっこが始まりました。

映画館にはJRに乗っていきます。だから、お客さん役の子は、電車作りからスタート。ハンガーのつり革につかまり、札幌へ。

映画館ごっこには、おままごとを楽しんできた子は
ポップコーン販売員、警察ごっこが好きな子は警備員さ
んというように、それぞれがこれまで楽しんできたごっ
こあそびの発展形で、自分の好きなあそびを思い思いに
楽しむ姿がありました。

YouTubeごっこから進化した
「にじいろちゃんねる」のメン
バーはスポットライト作り。

2 | クラスで、PART1上映

友達同士で楽しむごっこあそびではちょっと物足りなくな
り、お客さんを呼びたいという希望が出てきました。そこで、
他のクラスや先生、公開保育で来ていた他園の先生を招待して、
上演することにしました。

子どもたちは、自分でやりたいと思った演
目を選んで参加します。グループに分かれて、
お話や番組を作って演じます。上映される演
目だけでなく、お客さんの役、映画館まで行
くためのJRの運転手役、映画館の売店役、
防犯カメラ役など、映画館全体を子どもたち
が作りあげました。その都度、クラスのなか
で話し合い、決めていきました。

防犯カメラ役。じっと立っている
のはちょっとたいへんだけど、大
切な役目なんだ。

あさがおえいがかん PART1

① **CM** 映画を見るときの約束
② **カブトムシ劇場**
　　最初は、本物のカブトムシが主人公だったドラマ。
　　それではお客さんみんなには見えないと、牛乳
　　パックで作ったカブトムシのペープサートになり
　　ました。ストーリーは子どもたちのオリジナル。
③ **にじいろちゃんねる**
　　YouTubeごっこから誕生した音楽プログラム。
　　YouTuberになりきって、踊りを披露。

あそびのなかでは、
本物のカブトムシが
主人公でした。お客
さんが大勢来るとせ
っかくの主人公が見
えません。相談した
結果、ペープサート
形式で演じることに
なりました。

3 PART 2に向けて

「もっと大きなところでやりたい！」「ホールがいいね」「観劇会で観た人形劇をあさがおえいがかんでやってみたい」……。子どもたちの気持ちはどんどんふくらんで、発表会の場で上映することになりました。

ホールで上映するにあたっては、

● **カブトムシ劇場**

ペープサートだと広いホールでは見えない。自分たち自身で演じたら見えるはず！
ストーリーも同じだとおもしろくないから新しくしたい。

● **映画館の設備**

映画館には、スピーカー、防犯カメラ、スポットライトもある。作ろう！

● **エンディング**

映画のエンディングには、歌が流れるし、名前を流すの（エンドロールのこと）もやりたい。

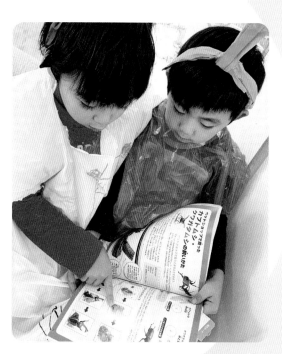

本物では小さくて見えないと、ペープサートになったカブトムシ劇場。広いホールで上映するとしたら、ペープサートでもまだ小さいと、子どもたちが実際に演じることになりました。大道具もそれに合わせて作り直します。「手で塗ったほうが早いよ」

4 あさがおえいがかん PART2 オープン！

いよいよ発表会。みんな楽しみにしていた、あさがおえいがかん上映の日。いつものあそびそのままだから、意欲的に楽しくできました。

あさがおえいがかん PART2

① 電車に乗ってお客さんが登場、売店でお菓子を買う。
② CM　映画を観るときの約束を伝える。
③ カブトムシ劇場　子どもが演じる。
④ 人形劇　子どもが人形になりきって演じる。
⑤ にじいろちゃんねる　音楽に合わせて踊る。
⑥ エンディング　歌、役紹介。

「にじいろちゃんねる」の仲間は、いつでも元気いっぱい！それもYouTubeらしい。

みんなの友達　もちずき くるみちゃん

「もちずき くるみちゃん」は、子どもたちが牛乳パックや箱で作ったアルパカの人形です。命が吹き込まれ、毎日子どもたちと一緒に生活しています。大好きなくるみちゃんも、あさがおえいがかんに登場させたいと、発表会に出演することを決定。当日は、一緒にダンスを踊りました。その後も、さまざまな行事に参加し、子どもたちと一緒に楽しんだくるみちゃん。卵も生まれ、きなこちゃんと名づけられました。

もちずき くるみちゃん。もちづきではありません。お餅が好きなアルパカです。

子どもたちは 友達のよさに気づいて
お互いに成長する

● グループに分かれてはいるけれど、映画館をやりたい、という目的はみんな同じため、よりよいものにしようと、自分の担当しているものだけでなく、友達の演目もよく観て、アドバイスをし合ったり、衣装作りでは、得意な子に作り方を聞いたりして、友達のよさに気づくことができるようになりました。

● 作り上げる過程で、何度も話し合いを積み重ねたことで、相手の意見を聞いたり、それに対して意見を言うということをたくさん経験しました。担任がいなくても、クラス全員で話し合いを進め、一つの答えを出すこともできるようになりました。

保育者は 子どもの"やりたい"
を大切に

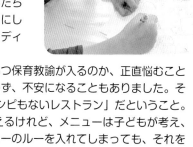

● できるだけ、子どもの願望がかなうようにサポートしてきました。子どもはやりたいことが一つかなうと、次のアイディアが生まれる機会につながります。

● 各グループの活動に毎回担任が入るのではなく、子どもたちだけで話し合ったり、作ったりすることも多くなるようにしました。そこで生まれる素のやり取りが、おもしろいアイディアにつながったのかもしれません。

● 活動を見ていくなかで、どこまで子どもたちに任せ、いつ保育教諭が入るのか、正直悩むこともありました。どんなふうになっていくのか見当もつかず、不安になることもありました。そんなときに、自分を納得させるために、「メニューもレシピもないレストラン」だということ。料理器具の使い方や火加減は、保育教諭がしっかり伝えるけれど、メニューは子どもが考え、試行錯誤しながら作っていく。カレーを作るのにシチューのルーを入れてしまっても、それを子どもたちがどう修正していくかを見守っていく。おいしいかどうかは子ども次第。"子どもの力"を信じることが大切だと思って進めてきました。

保護者は おたより等で発信し、楽しんでもらえる工夫を

● はじめは「映画館ごっこが発表会？　何をするの？」という声もありました。そのため、おたよりやポートフォリオで子どもの様子を発信したり、オリジナルストーリーの内容を伝えるなど、一緒に楽しんでいただけるような工夫をしてきました。発表会終了後は、よい感想をたくさんいただけました。

大豆生田先生より
mame memo 子ども自身が作り出す発表会の魅力

　年長児の後半は、自分の意見を出し、仲間と話し合い、協力しながら力を存分に出すことができる時期です。その意味からも、決められた内容を練習して見せる発表会からの転換はとても素晴らしいものだと思います。特に、「映画館」というさまざまな内容を入れ込めるテーマもよかったですね。「映画館」というキーワードから、子どもたちからさまざまなアイディアが生まれてきたことがよくわかります。この時期は、子ども同士で話し合うプロセスによって協同性を育てることがとても重要です。「子どもの願望がかなうようにサポート」された先生方のスタンスもとてもよかったと思います。

普段のあそびを集大成するストーリー

**保育とともに変わってきた発表会、
全部自分たちでプロデュースするスタイル。**

堀川幼稚園の発表会の特徴は、11月に4歳児、12月に5歳児、1月に3歳児というように、時期を変えて行われること。
発表会を「させる」ものではなく、お兄さん、お姉さんの発表会の取り組みを見てきて「発表会」を知り、「早く私たちもこんなふうにやってみたい！」という意欲につながるよう3歳児を後にしています。
10〜15年の試行錯誤の時期を経て、この形が定着してきました。

「変えなければ」の
意識は早くから
もっていたものの

「保育者主導的な発表会を変えよう！」
幼稚園教育要領の改訂ごとに気持ちは高まる

ガチガチの保育者主導的な発表会を、なんとかしようと思ったきっかけは、前の幼稚園教育要領改訂のとき。それ以前の改訂時から「一斉保育ってどうなんだろう、自由あそびってどういうことなんだろう」ということを模索してきましたが、これだけ環境が大事と言われ、「主体的」という言葉が出ているのに、保育も発表会もまだ保育者主導的な部分があって、そのスタイルを大きく変えられてはいませんでした。

保育者が考えたこと、決めたことを正しく上手にできるように指導する発表会は、子どもも保育者も苦しく、一体誰のための何のための発表会なのだろうと職員同士の話し合いを何度ももちました。これまでの「保護者に見せるため」の発表会から「子どもたちの・子どもたちによる・子どもたちのための」発表会にしたいと、みんなで「ここ！」と思った園に見学に行きました。「これだよね!!」と皆で泣いたことを思い出します。変えるということは、それまでを否定することにもなりかねないので、なかなか踏み出すことができずにいましたが、職員みんなで共有できたことで同じ方向を目指して、大きな一歩を歩み出すことができました。

before

子どもたちの
興味・関心をベースに
した発表会

みんなのあそびが、
つながって、つながって……

発表会を子ども主体に変えるためには、保育を子ども主体に変えなければなりません。子どもの何を育みたいのかを考え直すと、子どものあそびをもっと充実したものにしたいと思いました。子どもが主体的に遊ぶためには、子どもの興味関心を探り、好きなあそびにとことん向き合ったり、いろいろな経験ができるように、子どもの「やりたい！」を実現できるように工夫していきました。そして、発表会も、子どもが日々遊んでいることをストーリー仕立てにして発表するという方法が定着してきました。2019年度の5歳児まつ組の活動を例にあげて紹介します。

1 | こんなふうに
遊んできたね

まつ組のみんなは、こんなあそびを楽しんできました。

●運動会に向けて万国旗を描いたことがきっかけで、いろいろな国のことに興味をもち、たくさん調べました。

●そこから、「世界旅行に行こう」と『にじいろ航空』が誕生。CAさんになりきるあそびが始まりました。ときには、機内でお客様の体調が悪くなり機内アナウンスでお医者さんを探すことも……。

●5月頃から、まつ組には"警察官"が常駐するように。11月の交通安全教室で本物の警察官に話を聞いたり、パトカーを見せてもらったりした印象が強く、警察手帳、帽子、鑑識グッズ、司令室と、あらゆるアイテムをリアルに再現!

●テレビごっこでは、毎日その日にあった内容のニュースを取材して放映。

園に来られる本物のカメラマンにカメラを見せていただき、三脚が閉じたり開いたりするカメラを作りました。

2 | みんなでお話を考えよう

「僕は絶対警察」「私はCA」……。たくさん、なりきって遊んできた子どもたちの意思は固い! その役をどうお話につなげていくか、何度も何度も話し合いを重ねました。

役ごとにグループで全体で、どんどん自分たちで話し合いを進めていくように……。

役ごとに自分たちのせりふも相談して決めていきます。「これが言いたい」自分の思いを伝えながら……。

お話づくりの話し合いでは、自分の思いを伝えたり、友達の気持ちに共感したり、ときには折り合いをつけながら、みんなで共通のイメージに向かっていきました。衣装や小道具も、相談したことをデザイン画やマップなどに書き表して伝え合います。

3 | 大道具・小道具を作ろう

　ずっと遊び込んできたものばかり
なので、できあがっているものも多
いのですが、発表会に向けて、より
かっこいいものをと考えたり、遊び
込みすぎてぼろぼろになったものを
作り直したり、友達と役割分担をし
ながら進めました。

警察の司令室にあるモニターを再現しているところ。
より本物っぽくするために試行錯誤中。

4 リハーサルをビデオに撮ってチェック！

　本番2日前、リハーサルをビデオに撮ったものをみんなで見ました。「もっと大きな声で」「こっちから出てきた方がぶつからないんじゃない？」お客さんの立場になって見てみると、いろいろ気づくことが出てきました。友達のすてきだったところを探したり、自分自身のどこがすてきだったかを、ビデオを見た後に話し合いました。

5 そして本番、終わってもあそびはまた続く

　全て、自分たちで考え、作り、プロデュースしてきた劇あそび。目標をもって取り組んできた得意技（運動、ダンスなど）も工夫してお話の中に盛り込み、バラエティあふれた楽しい演目になりました。そして、これらのあそびは、発表会の後も、どんどん進化しながら継続しています。

お客さんを
巻き込む演出。

子どもたちは これまでの あそびの集大成を、みんなで楽しく

　5歳児にとっての発表会は、4月からずっと遊んできたこと、場合によっては、4歳児の頃から遊んできたことの集大成です。それを劇仕立てにし、シナリオを作り、大道具・小道具を作り、と全てを自分たちの考えでやる、いきいきとして、楽しそうな姿が見られました。

ただ楽しくだけではなく、自分で目標を立ててチャレンジする姿は、さすが年長さん！

保育者は 子ども主体にはなったけれど……

　このスタイルに慣れてくると、また新たな課題にぶつかりました。「子どもたちが作ったからって起承転結がなくていいの？」「子どもたちが考えたからってわかりにくくてもいいのかな？」楽しく遊んできたものをステージで見てもらうためにしようとすると「見え方」に悩むように……。以前の「見せるための発表会」からはすっかり脱却できましたが、むしろ真逆な課題です。話し合いのときに、発達の段階によって大人がどこまで、どう提案やサポートをすべきか子どもの姿から探っています。

保護者は 保護者に子ども主体を伝える

発表会を子ども主体に変えていくには、保護者の理解も必要でした。一見ぼろぼろの衣装や小道具でも、子どもたち自身が思いを込めて作ったもので、それを身に着けて、毎日遊んでぼろぼろになってしまったけれど、だからこそ、安心して、自信をもって普段通りに本番に臨める、というようなことを丁寧に伝えました。当日だけでなく、そこまでのプロセスこそが大事。見えないことは伝える努力をして、理解につなげていきました。

大豆生田先生より mame memo 日常の主体的なあそびのなかに行事が位置づくこと

　この園では、日常のなかで子どものなかで盛り上がったブームがプロジェクトとなり、それが発表会に活かされています。子どもたちが興味関心のあるテーマだからこそ、主体的で、協同的で、試行錯誤のある探求的な取り組みになっているのでしょう。自分たちの作品を映像で見ることによる自身の客観的な理解も大切ですね。緊急事態宣言以降、多くの園で映像などによる発信が増えたこともあり、そのような形式での保護者との共有の活用も可能でしょう。また、行事が終わった後も続いていくのか、本当に自分たちの主体的な活動であることを物語っています。まさに、生活のなかに位置づいた発表会と言えますね。

クラスの、一人ひとりの「これを見せたい」をみんなで応援するおゆうぎ会

劇あそびを子ども主体に変えた！

国立あおいとり保育園では、園の1年間を彩るさまざまな行事を子ども主体に変えていこうと変革中。
ただし、その改革は、トップダウンで一気に進めるのではなく保育者と園長とで話し合いをもって着地点を確かめながら、無理のない形で進んでいます。

発表会3

国立あおいとり保育園
（東京都国立市）

園長　佐伯元行
保育士　松澤姿子　脇元裕人
　　　　山本夕貴　塚田眞子
　　　　今津瑠菜

3歳児

4歳児

5歳児

before

以前は、こんな
おゆうぎ会でした。

絵本などをベースに
保育者中心に作る
劇あそび

「おゆうぎ会」という名称の行事で、2歳児以上は、音楽あそびと劇あそび2つの発表をします。劇あそびでは絵本や昔話をベースにしたお話を、クラスごとにアレンジして取り組んでいました。保育者は子どもたち全員の衣装をこだわって作ったり、その他背景や音楽などの演出にも力を入れ、保護者にもとても好評でした。ただ、指針の改定とともに、行事はこのままでよいのか？ 子どもたちがより主体的に取り組むには、どうしていくべきか、会議を重ねました。

子どもたちが作る、
決めるおゆうぎ会

それぞれの年齢なりの "子どもたちが作る"
劇あそびに変えた

「おゆうぎ会」の演目のうち、大きく変わったのは3〜5歳児の劇あそび。どんな劇あそびにしたいか子どもたちと話し合い、一人ひとりが楽しんで主体的に参加できるようなイメージを大事に進めることにしました。衣装や背景画なども、保育者がサポートする方法を考え、"子どもたちが作る"劇あそびを目指しました。

5歳児は、「15人のなかまたち」と題したオリジナルのストーリー。

3歳児は「ダイコン抜きゲーム」を中心に、子どもたちがやりたいことをたくさん盛り込んで。

4歳児は、大好きな絵本「スイミー」（レオ＝レオニ／作）を脚色したお話に。

3歳児

お気に入りのあそびを詰め込んで
「大きなパプリカ!?
おたすけマン参上！」

子どもたちと、何をしたいかの話し合いをもつと、たくさん意見が出てきました。「パプリカ踊りたい！」「ダイコン抜きゲームをしたい!!」……。できるだけ子どもの "やりたい" を詰め込んだ劇あそびになりました。

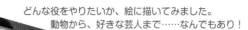

どんな役をやりたいか、絵に描いてみました。
動物から、好きな芸人まで……なんでもあり！

衣装も、布にさまざまな素材を貼った子どもたちのオリジナル。

衣装作りには速乾性の水溶性接着剤が大活躍。

背景も楽しんで作りました。子どもたちが大好きな歌である「にじ」を作ることに。

空は手形で表します。

クラスで流行している「ダイコン抜きゲーム」。ピンチのお友達を引っこ抜いて助けるストーリーに。

にじの7色は、色画用紙をちぎって貼りました。

4歳児 | 大好きな絵本を自分たち流に！「スイミー ～とんぼ組ver.～」

4歳児は、話し合いの結果、絵本「スイミー」をベースにした劇に決定。自分のなりたい生き物を考え、せりふ、衣装、大道具など全て自分たちで作りました。

大きな背景画は屋上で。筆にたっぷり絵の具をつけて表現しました。

カラーポリ袋を使った衣装は子どもたち一人ひとりのオリジナル。切りにくいポリ袋を切るのも上手になりました。

せりふはアドリブ満載。練習でも、毎回違っておもしろい！

ホオジロザメや "おしゃれな魚" など、オリジナルのキャラクターに変身！

5歳児

みんなの「見せたい」が爆発！「15人のなかまたち」

　5歳児は話し合いの結果、実際に園庭の木に引っ掛かったフラフープを取るためにみんなで集まって遊んだことが、そのまま劇あそびに。柔道の技から土偶の解説まで、みんなが発表したいことや、特技を持ち寄ってできたお話で、見応え、聴き応えバッチリの "見せたい！" がずらり。

1年間歌ってきたいろいろな歌のなかから、みんなで選んだお気に入りの歌を数曲披露しました。

大好きなキノコや
土偶のマニアック
な解説も大ウケ。

歌やピアノ
を発表する
お友達も。

好きなことだから、練習も楽しい！

子どもたちは 主体的にかかわることで、もっと「楽しく」なる

　毎日のあそびのなかで感じる「楽しい」の延長を主体的に形にしていくことで、子どもたちはいきいきと取り組んでいました。話し合いを通して意見を共有したり、工夫して道具を作ったりと、さまざまな活動にも意欲的でした。友達のよさを互いに認め合うよい機会になったと思います。

保育者は みんなで相談しながら変革していく

　保育自体も、行事についても、子ども主体の方向にシフトしています。当園でも、みんなで話し合い、進めていこうとしています。行事に関しては、でき栄えではなく「楽しい」を表現することに重きをおくことで、一人ひとりが無理なく参加できるように考えています。

保護者は 行事への期待値もまだまだ高い

　国立あおいとり保育園は、自然環境がたっぷりあることと並んで、充実した園行事でも知られています。こうしたイメージをもった保護者の期待に沿いつつ、バランスをみながら慎重に変えていく必要もあると思います。日頃から活動のプロセスや、その子どもなりの"育ちの姿"を伝えていくことを大切にしています。

mame memo

大豆生田先生より

従来型の「おゆうぎ会」からの脱却

　「おゆうぎ会」と言えば、劇に、踊りに、歌に、合奏にと、保育者が計画した内容の活動を覚えるために練習して「見せる」形態がよくあります。でも、子どもは本来、自分たちで考え、意見を出し合って、作っていく力があります。この園の取り組みは、まさにそうした転換のプロセスなのだと思います。先生方で話し合いながら改革を進めているところがすばらしいです。特に、5歳児の内容は、柔道の技や、土偶の解説というのは、きっと一人ひとりの得意なことがそこに含まれているのでしょう。このように、集団全体のでき栄えだけでなく、一人ひとりのその子の「よさ」が表現される場として位置づいていることも大切なことです。

子ども主体の園行事の取り組み

節分

節分1

幼保連携型認定こども園
順正寺こども園
（広島県広島市）

園長　伊藤唯道
指導保育教諭　本田智秋
保育教諭　仁田菜月

「させる」行事は、もうやめた！

保育を見直したら、行事も変わった。
5歳児が企画・運営する「節分豆まき大作戦

子ども一人ひとりをより大事にしていきたいという思いから
子ども主体の保育に変えていこうと、
保育の見直しを進めている順正寺こども園。
子どもたちが企画、運営する「節分豆まき大作戦」は、
小さい子や保育者の気持ちまで考えた、
優しさあふれる行事になりました。

※本園では、まく豆は賞味期限が切れたものを使
　用し、園児は食べないこととしています。また、
　令和2年度より、まく豆も誤って口に入れてし
　まうことを避けるため使用を中止し、子どもた
　ちが考える別の方法で実施しています。

以前は、こんな
節分でした。

「心の鬼をやっつけよう！」
節分は、生活習慣や態度を見直す機会

保育者主導の企画・進行のもとに行っていた節分の豆まきは……。2月という進級前の時期であることを捉えて、生活習慣や態度を見直す機会になるようにと、保育者が考えたものでした。子どもたちは保護者と相談して、「やっつけたい心の中の鬼」はどんな鬼なのか、紙に書いて持ってきてもらい、「豆まきをして、心の中にいる悪い鬼をやっつけよう」と豆まきを行っていました。

青鬼が持っているのが、保護者と相談して書いてきた「心の中にいる悪い鬼」の紙をはった、「心の中ボード」。

保育の見直しを行うなかで、子どもの悪い部分をとりあげて親子で話すことに対する疑問や、仮に改善したいことがあったとして、豆まきをして直すものなのだろうかという疑問。また、鬼が来ることを心から怖がっている子どもたちがいることなど、従来の節分の行事については、職員からもさまざまな意見があがっていました。

保育者が扮する鬼は
本当に怖かった。

before

すみれ組が
（5歳児クラス）
企画する節分

1

節分まであと2週間という頃、
すみれ組の企画会議がスタート

製作コーナーでは、おにのお面作りが盛り上がっていました。そんな子どもたちの姿から節分の企画・運営を5歳児すみれ組に任せてみようと「豆まきやってみない？」と投げかけました。「やる、やる！」「やってみたい！」と、はりきった5歳児たち、早速企画会議を始めました。

すみれ組が
鬼になろう

おもしろい鬼

優しい鬼

子どもたちからは、「ドキドキする豆まきがしたい！」「すみれ組が鬼になろうや！」「小さいクラスの子は、鬼を怖がるかもしれんよ」「優しい鬼や、おもしろい鬼も出てきたらいいじゃん」……、意見がどんどん出てきました。

「すみれ組が鬼になる」という意見に対して、「鬼にはなりたくない」という子どもたちも。「豆を投げたいから」「豆が当たると痛いから」「鬼が嫌いだから」……。自分の思いや考えをしっかりと発信し、自分たちがやってみたい豆まきを計画していきました。

全体での話し合い、
ミーティングの様子。

2 | チームに分かれて プランを練る

　どんな豆まきにしたいのかがおおよそ決まったら、役割ごとのチームに分かれて、必要な物や表現方法などを、より具体的に考えていきました。

　チームは4つ。鬼が怖いという子どもたちのための「優しい鬼チーム」「おもしろい鬼チーム」、大人のための「怖い鬼チーム」、豆まきの間のフォロー役「お助け・見守りチーム」です。

お助け・見守りチーム

優しい鬼チーム

怖い鬼チーム

各チームの代表者が、プランを発表した。

3 | 作戦発表会で チームごとに プレゼンテーション

　話し合いの結果をみんなに伝えます。

● 優しい鬼チーム……イヤリングやハートのペンダントを作って、手をつないで出てくる。

● 怖い鬼チーム……鬼の鳴き声を研究し、隠れる場所を決め、金棒を持ち、足を踏み鳴らして登場する。

● おもしろい鬼チーム……カラフルな金棒を持ち、ふりふりダンスをしながら登場する。

● お助け・見守りチーム……鬼を怖がる子をフォローし、司会や豆の準備をする。

　どのチームも、豆まきのなかで、自分たちがどんな役割を果たすのかを身振り手振りを交えながら一生懸命伝えました。

全体共有することで、より当日のイメージが明確になり、子どもたちの期待や熱量もグッと高まっているように感じました。

4 | プラン実現に向け 準備にフル稼働

　それぞれのチームに分かれ、自分たちがイメージした衣装や金棒などを手作りし、当日に向けてラストスパート！　チーム内で協力し、子どもたち同士で声をかけ合いながら意欲的に準備を進めていきました。

優しい、怖い、おもしろいなど、イメージに合わせた衣装や小物の材料探しから。

5 | そして当日！ オープニングも 準備も自分たちで

　お助け・見守りチームによる「開会の言葉」でオープニング。「鬼が怖くなったら、自分たちが守る」など、年下の子どもたちにわかりやすいよう、言葉を選びながら丁寧に伝えました。

チームらしさを追求した演出で。

これから 豆まきを 始めます！

どこから出ようか、最後の確認。

3・4歳児が持つ豆入れに、豆を入れていく。

　鬼に投げる豆も、全員に行き渡ったかどうかを確認し、豆入れを持っていない子には、砂あそびのカップやバケツを渡すなど、臨機応変な対応もできていました。鬼役の子どもたちは、どこから登場するのか、入念な最終打ち合わせ。隠れる場所や合図を決めてスタンバイ。豆まきを待つ3・4歳児も、期待感が膨らんでいるようでした。

6 鬼の登場！これがぼくらの豆まきだ!!

5歳児が考えた怖くない鬼たち。
イメージ通りの登場ができたかな？

　いよいよ5歳児の扮した鬼が登場すると、一斉に豆が投げられ、豆まきが始まりました。一年中でいちばん寒いこの時期にもかかわらず、皆汗だくになって園庭を駆け回りました。

　鬼役の5歳児は、怖がっている3・4歳児には近づきすぎないようにし、背中を向けたまま止まって「怖くないよ。豆を投げても大丈夫だよ」と気弱な鬼を装ってみたり、逆に、強気で迫ってくる子には「ウォー」とうなり声をあげて向かっていくなど、それぞれの役割を演じ、みんなを楽しませていました。

7 子どもたちからのサプライズ 先生たちが豆まきする番

　鬼たちが「参りました〜」と降参し、豆まきも終了かと思われた頃、「次は、先生たちが豆まきする番よ！」と保育者が呼ばれたのです。いつも鬼役だった先生たちにも豆まきをさせてあげようという、子どもたちからのサプライズでした。

　実は、園長先生にだけはこのことを話していた子どもたち。「豆まきの順番がきたら園長先生を呼びに行くからどこへも行かないで事務所で待っていて」と頼んでいたそう。言われたとおりに待っていた園長先生でしたが、先生たちの豆まきが始まる気配に我慢しきれずに出てきてみると「あ、園長先生呼ぶのを忘れとった〜」と子どもたち。

いつも鬼役をしている先生たちにも豆まきをさせてあげる、という発想にはちょっと感動。

 **子どもたちは** 子どもって、ほんとすごい！

子どもに行事の企画・運営を任せてみるというチャレンジを行ったことで、自分たちの行事として主体的に参加する姿が見られました。また、自分たちで役割分担をして取り組むことで、それぞれを尊重し合いながら自己を十分に発揮できる機会となりました。

子どもたちが企画・運営した豆まきは、自分たちだけでなく、参加者みんなが楽しめるよう創意工夫され、みんなのことを思いやった「心のこもった豆まき」だったと思います。保育者の間では「子どもって、すごいよね！」が止まりませんでした。

 **保育者は** 子どもたちの姿をしっかり捉えて

私たちが「子ども主体の保育」を行うにあたって、大切にしていることがあります。それは、子どもの姿をしっかり捉え、保育していくということです。

ただ単に子どもが「やりたい」と言ったことをさせたり、気まぐれに「やってみる？」と、投げかけたりするわけでもありません。子どもの興味・関心や、これまでの経験といったことを含めた子どもの姿がベースにあって、「もっとこうなりたい」という子どもの願いと、「こんな経験をしてほしい」という保育者の願いが重なり、そのうえで環境構成を行ったり、保育者がかかわったりしながら「子ども主体の」保育を行っています。これからもさまざまな視点から子どもの姿を捉えていきながら、子ども主体のあそびを重視した保育へと、チャレンジを続けていきたいです。

保護者は 保護者と保育者の間で、プラスの連鎖が

保育や、行事のやり方を変えることに対して、保護者から苦情が来るのではないかという不安はありました。しかし、子どもたちが意欲的に、いきいきと活動している姿を目にして、苦情どころか、今まで以上に、子どものことや保育のことに関心を寄せてくれるようになりました。そして、保育者も、そんな保護者に対して、「子ども主体のあそびは学びであることをもっと伝えていきたい！」という思いが強くなり、子ども一人ひとりのよさや持ち味を理解しようと努めるなど、気づけば子どもと保護者と保育者の間で、プラスの連鎖が起こっていました。子ども主体の保育を通して、相互的な育ちの輪が広がってきたのです。

mame memo （大豆生田先生より） 子どもにどうしたいかを「聴く」ということ

これまで、多くの園では大人が鬼役をやり、子どもが逃げ回る姿がよく見られました。ほほえましいと思う反面、極端に恐怖心をもっている子どももいるなど、気になる姿も報告されてきたのです。この取り組みでは、年長児に豆まきのあり方を聴くなかで、自分が怖い経験をしたこともあってか、「優しい鬼チーム」「おもしろい鬼チーム」が生まれてきているのがとてもよいと思います。子どものことは、子どものほうがよくわかっくいるとも言えるのでしょう。行事のみならず、あるいは年長児のみならず、子どもに「あなたはどうしたい？」を聴く保育者の姿勢は、保育の本質的に重要な点なのだと思います。それを教えられる事例でもあります。

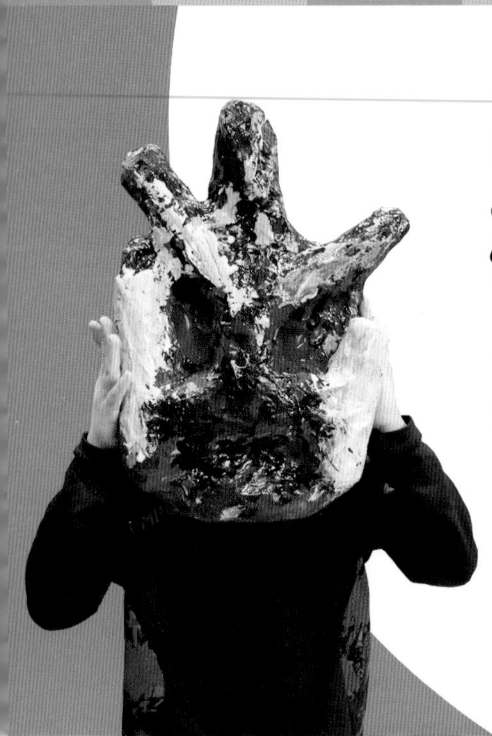

あおばの節分の確かな継承者として

子どもたちは、それぞれの山を乗り越え、楽しさと喜びを深く味わう。

石動青葉保育園の豆まきは、5歳児が鬼になって、
年下の子どもたちに成敗されます。
毎年5歳児たちは、鬼役にとって大切なことは
何かを考え、工夫を重ねてきたので、
年を追うごとにグレードアップ。
迎え撃つ子らも、怖さや辛さ、
それぞれの山を越えて春を迎えます。

節分2

幼保連携型認定こども園
石動青葉保育園
（富山県小矢部市）

園長　井幡清志

大事なのは、真剣に怖い鬼になって、思いっきりやられること。

豆まき当日、5歳児は1階で鬼と相撲をしていることになっています。そして、お面と衣装をつけ、鬼になって年下の子どもたちのいる2階に上がっていくのです。

豆をたくさん用意して待っている4歳児以下は、フルフェイスの恐ろしげな面をつけた鬼が、いつも優しくしてくれる年長さんとは知りません。そして、怖い鬼と、それを退治しようとする子どもたちの真剣な戦いが始まります。

豆まきが終わった後も、「鬼は5歳児」という秘密は厳密に守られ、保護者も協力します。兄弟で園に来ている子どもの家族も、いちばん下の子が鬼役になるまで、そのことは言わないでいただきます。

代々の5歳児があくまで"怖い鬼"になることにこだわるのは、自分が豆まきをしたときに「怖いけれど強い心で鬼をやっつけた！」うれしい気持ちを忘れていないから。鬼と、豆をぶつけて鬼と戦う子どもたち、戦ってはいても、思いは一つになっているのです。節分という行事でしか味わうことのできない経験です。

5歳児 ｜ 豆まきの準備 鬼の面作り

節分に向けて、5歳児は鬼の面作りを始めます。新聞紙を丸めて顔の型を作り、その上に紙をはり重ねる張り子の技法で、思いきり"怖い鬼"の面を作ろうと工夫を凝らした、赤鬼、青鬼、緑鬼……。

5歳児の鬼の練習

鬼は、どんなポーズがいいんだろう、より怖く見えるのだろうと、みんなでやってみました。また、やっつけられたときのポーズも考え、しっかりやられて逃げ帰る練習も欠かせません。こうして、一つひとつ準備しながら、節分の日を迎えます。

3〜4歳児

豆入れ作りと鬼退治の練習

年下の子どもたちは子どもたちで、豆まきに備えて、たくさん豆を入れることのできる豆入れを作りました。自分で選んだ紙パックや容器に、色を塗ったり、飾りを貼ったり、よい豆入れは、豆まきの力強いお供です。

鬼退治の練習もしました。紙で作ったお面をつけた鬼役の子どもに、新聞紙を丸めた豆をぶつける子どもたちは元気いっぱいです。

豆まき当日
しっかりやり遂げました！

　鬼と相撲していることになっている5歳児が、2階に上がってきました。お面とおそろいの衣装を身につけた子どもたちは鬼そのもの。練習を重ねた"怖い鬼ポーズ"も決まっています。年下の子どもたちは、暴れ回る怖い鬼たちの姿に、泣き顔の子も多くなりました。

　5歳児は、豆を投げる子どもたちの様子を見ながら、動きを変えたり、より怖くしたり、冷静に怖い鬼を演じていたようです。最後は思いきり倒れ、四つんばいになって退散しました。鬼役を終えた5歳児たちから、「成功！」「大成功！」という言葉が聞かれました。

 **子どもたちは** みんなのために、
怖い鬼を演じきる

　以前から「ゆり組（年長クラス）になって一つだけ嫌なこと……鬼と相撲するのが怖い！」と心配していた子どもたち。鬼の正体を告げられると、唖然としていました。

　そんな5歳児たちが、今度は自分たちの番、とみんなのために"怖い鬼"を演じきった豆まきでした。

 **保育者は** やるならとことん楽しむ、
あおば流で

　行事の数をできるだけ絞り、その一方で、取り組む行事に関しては十分な時間をかけ、準備の過程も含め「おおいに楽しむ」なかで、子どもは大きく成長していきます。行事が毎日のあそびをさらに高める材料となる仕方です。本番が終わっても、子どもがそれを継続して楽しもうとするか……が、行事の真価を計るバロメーターです。

 **保護者は** 秘密を守るには、
保護者の協力が欠かせません

　節分の豆まきは、保護者が直接参加することのない行事ですが、鬼の秘密を守ることをはじめ、間接的に、保護者に協力していただくことで成り立っている部分も大きい行事です。秘密を共有しながら、一緒に子どもの成長を見守り、喜び合うことができたと思います。

 大豆生田先生より
mame memo

役割を担う
責任を全うする行事

　ある地域では、昔ながらの伝統で、男衆が鬼役をやるのですが、誰がその鬼をやるかは秘密裏に行われ、誰にも知らされないそうです。それくらい厳粛な行事に通じるこちらの園の節分は、年長児が責任を大きく担っていることでしょう。そのための怖いポーズ作りにも真剣さがうかがえます。行事には「通過儀礼」的な意味があります。それは、成長するための大切な節目となります。子どもの声を聴くスタイルのほか、このような伝承を最年長者が受け継ぐという意味の大きさを感じます。保護者の協力もあるなど、園行事に家庭が間接的にかかわることの意義も大きいでしょう。このような園の伝承、とても大切だと思います。

新型コロナウイルス感染予防対策

　　世界中が新型コロナウイルスの感染に見舞われた2020年、多くの行事が中止になりました。オリンピックすら延期になる状況で、全国の運動会がどんどん消えていくなか、がんばって開催した園もあります。

　　国立あおいとり保育園も、そんな園の一つ。精一杯の感染予防対策を考えて臨みました。

参加者同士の動線がクロスしないように
歩く場所もしっかり分けました。

競技の合間に手の消毒はもちろん必須。

リレーは、バトンパスが問題。いろいろ試行錯誤した結果、消毒液入りのバケツが登場！ゲームの一環として、バケツの中の消毒液に漬けてから次の友達へバトンをパスすることになりました。

跳び箱も、一人が飛ぶごとに
消毒スプレーで消毒。

子ども主体の園行事の取り組み

お別れ会

幼稚園型認定こども園
学校法人伸和学園堀川幼稚園
（富山県富山市）

副園長　波岡千穂

卒園に向けて
「ありがとう」が行き交う3月

卒園児と、後輩の子どもたちの心が通い合う
自分たちでつくるイベント、プレゼント、そして思い出。

この事例は、これまで紹介してきた「行事を子ども主体に変える！」事例とは少し異なっています。
保育や行事を子ども主体にしていくなかで、違う学年の子ども同士が心を通わせ、思いを表現することで、
子どもたちが主体的に行事自体をつくっていくという物語なのです。

これまでの
お別れ会

卒園式を前に、出し物を行う
一般的なお別れ会

卒園を前に、卒園児を送り出す「お別れ会」
は、行事として定着したものでした。保育者
が主導する形で、3歳児や4歳児の歌、保育
者の出し物などを行い、卒園児がそれに応え
て、卒園式にうたう歌を披露するというよう
な内容でした。

before

卒園児が
プロデュースする
イベントが自然発生

遊んできたこと、
できるようになったことを
後輩たちに見せたい！

5歳児クラスの子どもたちが、これまでに園で遊んできたこと、できるようになっ
たことを、4歳児以下の子どもたちに披露する「ショー」を開くことが恒例になって
きました。きっかけは、12月に行われる5歳児の発表会（発表会については、p.86
で紹介）で、自分たちの遊んできたこと、できるようになったことなどを、劇あそび
に盛り込んでステージで見てもらった経験から。発表会で見せたことを、その後もずっ
とていねいに後輩たちに紹介する、アフター発表会が続きます。そして、企画運営ま
で自分たちの手で進めるイベントに発展していったのです。

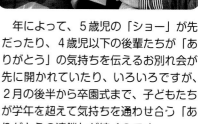

年によって、5歳児の「ショー」が先
だったり、4歳児以下の後輩たちが「あ
りがとう」の気持ちを伝えるお別れ会が
先に開かれていたり、いろいろですが、
2月の後半から卒園式まで、子どもたち
が学年を超えて気持ちを通わせ合う「あ
りがとうの連鎖」が続くのです。

1 | 5歳児クラスの ショーまでの取り組み

竹馬やこまなどの伝承あそび、跳び箱や縄跳び・フラフープなどの運動あそび、ダンスなど、プログラムは、バラエティ豊か。どうショーアップして見せようか、全て子どもたち自身で考えます。開催する日にちも、各クラスに都合を聞いて決めました。

部屋に小さいクラスの子どもたちを招待して、見せたり、教えたりすることも。

練習も欠かせない！「さすが年長さん！」と言わせたい。

2 | ショーはすべて 子どもたちが考え、作る

ホールで行う5歳児クラスの「ショー」は、スケジュールも内容も、子どもたち自身で決め、招待状やプログラム、ポスターなども全て子どもたち自身が考えて作ります。ここまで、全て子どもたちによる、子どもたちの行事は他にはないかもしれません。5歳児にとっては、卒園を前にしたこの最後のイベントが、自分たちだけでやり遂げる力がついたことを実感する機会にもなっています。

3 お別れ会で「年長さんにありがとうを伝えたい」

年下の子どもたちや職員が、さまざまな演目で卒園児を送るイベントとして行われてきたお別れ会は、5歳児の「ショー」の定着によって、卒園児に「ありがとう」の気持ちを伝える場として、その位置付けがはっきりしたように思われます。卒園児の「ショー」に対するお礼として、年下の子どもたちからの贈り物のような形です。

演目も、5歳児がこれまでにやってきてくれたことを劇仕立てにしたり、5歳児が運動会で演じたお遊戯を踊ったりと、卒園児に「ありがとうを伝えたい」という意思がでてきました。

卒園児は、年下の子どもたちの気持ちがうれしくて、涙する場面もたくさん見られます。

4 年下の子どもたちにお礼のプレゼントを贈りたい

お別れ会で感激した5歳児たちは、年下の子どもたちにお礼のプレゼントを贈りたいと考えました。手作りのプレゼントです。いったいいくつ必要なのか、人数調べから始まりました。各クラスに人数を聞きに行き、それに合わせたプレゼントを作って届けに行くのです。

5 お礼のやりとり、「ありがとう」が行ったり来たり

4歳児クラスからは、「ありがとう」の手紙が届く。字が書けない小さい子どもたちからも、絵で表現したお礼が届く。そんな繰り返しが卒園式まで続き、3月は「ありがとう」の連鎖で過ぎていきます。

6 子どもたちから自然発生したイベントはさらに広がっていく

5歳児のショーに触発されて、4歳児クラスでも2、3歳児を招待して「ショー」を開きたいとチャレンジしていきます。4歳児なりに、自分たちが遊んできたこと、できるようになったことを小さい子どもたちに伝えようとしていました。

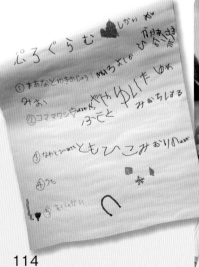

子どもたちは ５歳児に憧れ、
まねしていくなかで
成長する

　５歳児は、園での生活で身につけたさまざまなことを、卒園までに後輩たちに伝えようとしています。「ショー」などのイベントでは、何を見せようかと計画し、うまく見せられるように練習し、必要なものを作り……、といったイベントのあらゆるシーンで、これまでに培った総合力を遺憾なく発揮してくれます。４歳児以下の子どもたちも、そうした５歳児の姿を見て憧れ、まねしていくなかで、一回り大きく成長するように思われます。

保育者は 子どもの可能性と
力を信じることの大切さ

　みんなで作り上げる発表会の経験を経て、企画運営まで全部自分たちの力で進めることに喜びを感じ、自信をもって取り組む姿が頼もしく感じられます。いろいろな行事や経験を通して育まれてきた力や、その成長にあらためて気づかされ、子どもの可能性と力を信じることの大切さを思い知る年度末です。

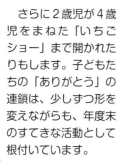

　さらに２歳児が４歳児をまねた「いちごショー」まで開かれたりもします。子どもたちの「ありがとう」の連鎖は、少しずつ形を変えながらも、年度末のすてきな活動として根付いています。

大豆生田先生より
mame memo 一人ひとりの物語が
見える行事へ

　卒園式とそれに伴うお別れ会は形式的になりがちです。それに対して、この園での取り組みは、子どもたちが自分たちのお別れを表現する場になっていることがすてきですね。特に、卒園となる年長児が自分たちが園で行ってきたことをショーとして力を思う存分発揮するというのが魅力的です。そこには、一人ひとりの成長の物語があると思います。それは、大人が企画し、おぜん立てしたものとは全く違ったものでしょう。そのような姿を見る年下の子どもたちにとっては、自分たちが上の学年にあがるうえでの大きな成長のモデルとなって、翌年度につながってくる姿が見えるようです。

懇談会を
保護者が語る場に変える！

大人が主体性を保障されていると実感できれば
他の大人の主体性も子どもの主体性も、
保障してあげたいと感じます。

子どもと一緒の行事ではありませんが、寺子屋大の木では、
保護者懇談会のスタイルを変えました。
「保育ミーティング」と呼んでいます。
保育者が説明とファシリテーターをし、出席された保護者に
グループに分かれて話してもらうのですが、
理解を深めるためにも、保護者との信頼関係を作るのにも、
とてもいいと感じています。
行事をいろいろ変えることに悩んでいるなら、
ここからやってみるのも1つの方法ではないでしょうか？

番外編

懇談会

幼保連携型認定こども園
寺子屋大の木
（愛知県名古屋市）

園長　牧野まき子

懇談会はドキドキ、ヘトヘトでした

　8年ほど前までは、保育者と保護者が向かい合って、担任が皆さんに説明するというような形の懇談会をしていました。保護者の前で間違えないようにと気をつかって話すのは非常に緊張しますし、うまく話せなかったり、保護者からの質問にうまく答えられなかったりするかもしれない不安もあり、保育者にとって負担の大きいものでした。

before

話し合う形や人数を模索

　そのしんどさをどうにかしたいと、懇談会の形を模索していきました。保護者に保育者も混じって、みんなで輪になって話すという時期もありました。いろいろなやり方を試してみました。今の形に変えるときにも、保護者だけで話したら、園の悪口や、雑談になるのではないだろうかという心配や恐怖もありながらの挑戦でした。

　その後、回を重ねて4人以下のグループに定着しました。4人以下というのは、全員が話すことができ、聞くことの負担も少なく、発表者も伝えやすいからです。プロジェクターを見てもらいながら、必要なお話を最初にして、あとは3、4人のグループに分かれて1テーマにつき15分ほど自由に話してもらうような形をとることが多いです。

席決め(メンバー)がポイント

話し合いが豊かになるよう、いろいろな要素をもった方が同じグループに入るように考えます。第一子の保護者と卒園までを経験済みの第二子、第三子の保護者、お迎え時間の異なる保護者同士など。今後の見通しを話してくださったり、それぞれ苦労を共有できたりすることで、今ある不安の解消や、これからの活動への安心につながっていきます。

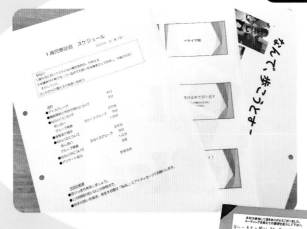

はじめての子どもの保護者が知りたいことは、ベテラン保護者が説明してくれることも多いです。保護者目線での理解や体験を話していただけることで納得しやすく、楽しいという声が多いです。疑問は、保育者がお答えすることもあります。

保護者との関係が変わっていくにつれ、保護者が不安に思うことがあっても、クレームではなく相談として受けることが多くなりました。一緒に子育てをするパートナーという意識が共有されてきたと思います。

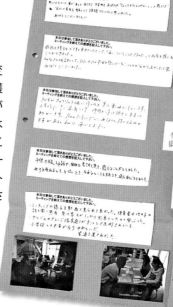

お父さんの参加も増えた

　最近の傾向として、行事などにもお父さんの参加が増えていますが、このスタイルにしてますます増えてきたように感じます。お父さん同士でしゃべりたいかなあ、というときはお父さん同士を同じグループにします。男性が入った方が話がおもしろくなるかなと思うときには、お父さんに別々のグループに入っていただくというような調整をしています。

 **負担が減り、ほめていただくことも多くなりました**

　大勢の保護者の前で、一人で話していたときに比べたら、不安感はだいぶ減って気持ちは楽になりました。一緒に楽しむというような雰囲気になっていて、「先生たちもがんばっているよね」という感じで、ほめていただけることが増えた気がします。

 **保護者同士のつながりは大切な支えとなる**

　普段、保護者が園で会うのは、お迎えの時間帯が同じ人ばかりです。それ以外の保護者と触れ合いつながることで、子育ての仲間が増えます。保護者同士で子育ての悩みを聞いてもらえるなど、保護者同士で情報のやりとりができることは、子どもの成長や生活の安心を支える力となっているようです。

 大豆生田先生より
mame memo　ともに子どもを育て合う場としての模索

　園は単に保育サービスを行う場所ではありません。保護者とともに子どもを育てる場です。行事だってそうです。保護者に「見せる」ための行事ではありません。そうした園と家庭の協働（パートナーシップ）体制を作るためには、こうした懇談会などのあり方も重要です。保護者と本音で対話ができること、そして、保護者が主体的に参画したくなるような場であることが求められます。寺子屋大の木では、理想形が先にあるのではなく、それを模索しているのがとてもいいですね。形式や人数、グループなど、これが理想という形があるわけではありません。このように常に進化していけるということが、この園のポテンシャルの高さと言えるでしょう。

保護者会の組織を変える

　保護者会は、どうしても行事改革を難しくする原因のひとつになりがちです。保護者にしてみれば、「お兄ちゃん、お姉ちゃんのときの感動をもう一度！」と思うのは自然な感情ですし、これを見るために、この園を選んだという気持ちもわかります。また、園ができたばかりの頃は、手を携えて、という良好な関係だった保育者と保護者会も、年月を経ていくうちに、保護者会の許可なしではいろいろなことができなくなっている園もあるのではないでしょうか。

　認定こども園 さくらでは、2020年4月から保護者会の形を大きく変えました。「保育マネジメントカウンシル」という名前で、保護者と保育者が同数参加し、園外の学識経験者にも入ってもらって（p.32参照）、これからの園の保育をどうしていくかを話し合う場を園内組織として立ち上げました。

　運動会についても、この「保育マネジメントカウンシル」に「そろそろ誰のための運動会なのかをちゃんと考えませんか」と議案を提出して話し合い、同意を得ることにより、保護者からの反発もなく「保護者に見せるための行事」から「保育参観の中で、親子一緒にスポーツを楽しむ行事」に変えることができました。

3 これからの行事の考え方

ニューノーマル時代の行事と保育

1. コロナ禍による行事の見直し

国立あおいとり保育園

　本書を企画し始めたのは、コロナ禍以前でした。新型コロナウイルス問題がなかったとしても、行事を見直す動きが多くの保育現場で起こり始めていたのです。そして、その後、コロナ問題が起こり、参集して行う大規模な行事が実施できない時代となりました。それは、行事の見直しに大きな拍車をかけたのです。ニューノーマル時代の保育として、行事の見直しは大きなテーマとなりました。

　ある園では、これまで行っていた毎月の誕生会を大きく見直しました。毎月、保育者たちが出し物を用意し、全園児と誕生月の保護者がホールに集まって行う誕生会スタイルが行えなくなったのです。そこで、各保育室で、その子の誕生日にクラス全員でサークルになって歌をうたったり、クラスの子たちからのその子向けの言葉や、手作りプレゼントをあげるなどして、こぢんまりではあるけれど、温かい雰囲気の会となったのです。保護者にもその様子を写真や動画を撮ってプレゼントするなどが行われました。

　結果的には、一人ひとりのための誕生会となったのです。これまでイベント化されていた誕生会が、本当の意味でその子の誕生日を心から祝う場となったのです。保護者にとっても、そのようなわが子が祝われる姿を映像と保育者の語りで伝えられ、直接は見えなくても、むしろ園とのつながりを深める場となりました。さらに、保育者にとっても、出し物を準備する忙しさに追われるのではなく、その子の誕生日をクラスの子どもと祝うことに専念できる機会へと転換したのです。

行事のあり方を問う──「やめる」という選択も！

　これまで行事中心に年間計画が作られていた園では、一部の行事をやめるという決断を行った園もありました。ある園では「運動会をやめる」という選択を行いました。毎年、保護者や祖父母も含めてたくさんの人が参加する盛大な運動会だったのですが、新しい生活様式のあり方が求められる今年度の保育において、保護者会の理解も得て、「運動会をやめる」という選択を行ったのです。

　それは、コロナ禍が契機となったのですが、歴史のあるこの園ではそれ以前から行事の見直しを検討してきたなかの流れでもありました。まだ残暑が残る10月のこの時期に、9月の猛暑下で毎日行う練習には、健康や安全の観点からもかなりの問題があったのです。少しずつそのあり方を見直していたのですが、コロナ禍をきっかけに、運動会をやめることを職員集団と話し合い、保護者会でもその意向を伝え、理解が得られたとのことでした。

　もちろん、単に「運動会をやめる」ということではなかっ

たそうです。子どもが多様に身体を動かすあそびを通した運動的な活動はとても重要で、それを日常の保育のなかではこれからもより充実させていくことを伝えました。そして、子どもの運動活動がブームになり、子どもたちが保護者に見てほしいというときには、参観ができるように呼びかけたり、園に来られない保護者には写真や動画等での配信を行うというものでした。さらに、春には、親子で楽しく身体を動かすスポーツデイなどを設けることも提案しました。結果的には、保護者にとっても以前よりも満足感が高まるものとなったのです。

　また、「運動会をやめる」という選択ではなく、規模や子どもの練習を縮小し、この園のように親子で身体を動かすことを楽しむスポーツフェスティバルのような転換を行っている園もありました。こうした行事の転換が、子ども主体の保育への方向性をより高めているようです。

幼保連携型認定こども園 石動青葉保育園

2. 子どもの声やあそびの流れを活かす行事のデザイン

これまで、決まった時期に決まった行事を年間計画から下ろすという保育スタイルだった園が、新たに行事を作っていく上で大切にしたのが、子どもの日常のあそびや活動を活かす方法や、子どもの声を聴くという方法でした。それはまさに、保育者主導の保育から、子ども主体の保育への転換でした。

まずは、子どもの活動を行事に活かした事例です。ある園では、一人の子どもが登園時に石を拾ってきて、その石を保育室に飾ったことから、クラスの多くの子たちがきれいな石探しを行うという活動が生まれました。さらに、石の図鑑や科学絵本を見て石の種類に興味をもちだし、さまざまな種類の石探しがブームになっていったのです。そこで、宝石も石の種類であることを知った子どもたちは、商店街にあるジュエリーショップで宝石を見せてもらう機会も得ました。そこから、自分たちも石を割ったり、削ったりして宝石屋さんをやろうということになりました。この活動は、毎年予定されている生活発表会で「お店屋さんを出そう」という話になったときに、子どもたちが作った宝石屋さんもその一つとして出そうということになり、他のクラスの子たちや保護者などがお客さんとなり、大盛況でした。

この事例は、子どもの主体的なあそびや活動を、生活発表会に活かした実践でした。子ども主体の行事を行おうとしたとき、日常的なあそびや活動を行事に活かしていくことができるのです。保育者が決まった活動を画一的に与えるのとは異なり、子どもはワクワクしながら自分たちで活動を進めていきます。その活動のプロセスを保護者に伝えていくことで、保護者にもその意義が伝わっていくのです。

幼稚園型認定こども園 学校法人伸和学園 堀川幼稚園

子どもの声を活かす行事のデザイン

　もう一つは、子どもの声を聴くという方法です。

　本書でも紹介した順正寺こども園（広島市）では、これまで、保育者が鬼役をして脅かすという保育者主導の節分の豆まき行事を行ってきました。しかし、ある年、それを見直し、サークルタイムを活用して、「今年の豆まきはどのように行いたい？」と年長児に聴くことにしたのです。すると、自分たちが鬼役をやりたいというさまざまなアイディアが出されました。怖い鬼をやりたい子たち、優しい鬼をやりたい子たち、おもしろい鬼をやりたい子たち、企画・運営をやりたい子たち、等です。それぞれがグループに分かれ、話し合いながら協力して、その準備や企画・運営を自分たちで行ったのです。

　それは、これまで子どもは受け身で行われた節分行事とは異なり、この時期の年長児の育ちが発揮される、主体的、対話的、協同的、探求的な内容でした。子ども主体の行事がいかに重要かわかります。保育のなかでは、「あなたはどうしたい？」と聴くという姿勢が重要だと言われます。それは、子どもが自ら育つ力を信頼することです。保育者がコントロールしないと「子どもはできない」という姿勢とは正反対です。

　子どもの声を聴く保育を行っている園では、「○○ちゃん、すごい」と子どもの姿や成長に驚き、一人ひとりの子どもをリスペクトしていくスタンスが生まれてくるのです。それは、保育者にとって「保育が楽しい」に変化をもたらし、保護者もそうしたプロセスを知ることにより、園での子ども主体の保育の重要性を学んでいくことになるのです。

幼保連携型認定こども園 石動青葉保育園

3. 21世紀型の行事と保育のあり方

「共主体」の行事への転換

従来型の行事は、ともすると、保護者に喜んでもらうサービス型になる傾向もありました。しかし、行事は本来、子どものためのものでなければなりません。そのため、子ども主体の行事への転換が必要なのです。しかし、それは単に子ども任せにするだけではありません。保育者も主体的であり、保護者も主体的に参加することも大切なのです。

例えば、2で述べた石のプロジェクトの事例においては、保育者は「それ、今度の発表会でお店屋さんを出してみるのはどうかな？」と子どもたちに問いかけています。それに対して、子どもたちが「それいいね。やってみたい」と応えているのです。また、豆まきの事例でも、保育者は子どもたちから出た意見をサークルタイムのときに書き込み、「グループごとに話してみたら」と提案しています。このように、子どもの主体性がよりよく発揮されるためには、子どもの思いに添った保育者の主体的なかかわりが重要になるのです。

保護者のかかわりに関しても、むしろこれまで以上に行事や園の子どもの育ちに対して、保護者が関心をもち、協力的なかかわりにつながっていくことが不可欠です。1で紹介した、運動会をやめてスポーツデイにする転換の事例も、保護者の積極的な参加を促すものでした。石のプロジェクトの事例もそうです。子どもたちが石のお店屋さんを作ることの楽しさを家庭で話すことで、保護者の関心はより高まったと言えるでしょう。それは、保護者が主体的に行事や園の活動に参加することを促すものとなっています。このような、子どもも、保育者も、保護者も共に主体的である参加、場合によっては地域の住民なども参加することも含め、「共主体」の行事であることが21世紀型の保育の重要な方向性だと言えるのです。

幼保連携型認定こども園 順正寺こども園

デジタルやICT機器活用の模索

　このような21世紀型の「共主体」の行事や保育を実現していく上で、重要なツールとなりうるのが、デジタルやICT機器です。コロナ禍にあって、在宅の子どもや保護者に対してICTやデジタル機器を活用して、写真や動画の配信等を行ったことが報告されています。それが、直接、園に来られない子どもや保護者を豊かにつなぐことを可能にしたのです。

　1であげた誕生会の事例もそうです。園に来ることができない保護者に対して、写真や動画の配信を行うことで、保護者との心豊かなつながりを生み出しています。また、石のプロジェクトの事例も、子どもが石への興味をもちだした時期から毎日、写真記録（ドキュメンテーション）による保護者への発信を行ってきたので、保護者自身も家庭で石を探すことなどを通して参画することにつながっているのです。ここにはあげていませんが、年長児が自分たちのダンスを撮影して発信する取り組みなども行われています。

　行事当日だけしか子どもの園での様子を見ることのない保護者は、ついついその日の成果（できたかできないかなど目に見える出来栄え）ばかりに視点が行きがちです。しかし、日常的に子どもの様子を写真等で配信している園では、保護者がそのプロセスを知っているので、その日の表面的な成果ではなく、子どもたちの試行錯誤など成長のプロセスを見ることができるのです。そのような点からも、デジタルやICT機器を活用する可能性が期待されます。もちろん、最初は手書きでの発信からでもよいと思います。その手応えが得られたら、さらに便利なデジタル・ICT活用へとつなげていければよいのです。

　これからの行事は、華やかな行事で保護者を喜ばせる「サービス型」ではなく、「参加型」が求められます。デジタルやICT機器なども活用して、子どもの育ちや学びのプロセスを見える化し、保護者の理解や参画を促して、協働的な関係性を形成することが大切です。そのような方法により、「子ども主体の行事」の理解もスムーズになされるのではないでしょうか。

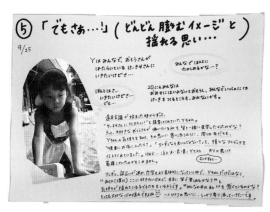

幼保連携型認定こども園 順正寺こども園

127

編著●**大豆生田啓友**（おおまめうだ・ひろとも）

玉川大学教育学部教授。日本保育学会副会長。乳幼児教育・保育の質向上・子育て支援などを専門に、NHKEテレ『すくすく子育て』をはじめ、テレビや講演会等でも幅広く活躍中。
『日本版保育ドキュメンテーションのすすめ』『日本が誇る！ていねいな保育』（以上、小学館）『「語り合い」で保育が変わる』『「子ども主体の協同的な学び」が生まれる保育』（以上、学研教育みらい）など、編・著書多数。

実践事例・写真協力園　●幼保連携型認定こども園 石動青葉保育園（富山県小矢部市）
（五十音順）
※本文中の肩書きは　　●国立あおいとり保育園（東京都国立市）
執筆時のもの。　　　　●認定こども園 さくら（栃木県栃木市）
　　　　　　　　　　　●幼保連携型認定こども園 さくらこども園（京都府舞鶴市）
　　　　　　　　　　　●幼保連携型認定こども園 順正寺こども園（広島県広島市）
　　　　　　　　　　　●幼保連携型認定こども園 せいめいのもり（北海道札幌市）
　　　　　　　　　　　●幼保連携型認定こども園 寺子屋大の木（愛知県名古屋市）
　　　　　　　　　　　●幼保連携型認定こども園 枚田みのり保育園（兵庫県朝来市）
　　　　　　　　　　　●幼稚園型認定こども園 学校法人伸和学園 堀川幼稚園（富山県富山市）
　　　　　　　　　　　●認定 向山こども園（宮城県仙台市）
　　　　　　　　　　　●谷戸幼稚園（東京都西東京市）

装丁●長谷川由美 千葉匠子　撮影●福田豊文（表紙／ p.2〜3 p.11 p.108 p.122）　●小山志麻（p.74〜78）
本文校正●有限会社くすのき舎　編集協力●株式会社リボングラス 若尾さや子 森川比果里　編集●西岡育子

園行事を「子ども主体」に変える！
11か園のリアルな実践記録

2021年3月　初版第1刷発行
2022年7月　　　第3刷発行

編　　著　大豆生田啓友
発 行 人　大橋 潤
編 集 人　竹久美紀
発 行 所　株式会社チャイルド本社
　　　　　〒112-8512　東京都文京区小石川5-24-21
　　　　　電話／ 03-3813-2141（営業） 03-3813-9445（編集）
　　　　　振替／ 00100-4-38410
印刷・製本　共同印刷株式会社

チャイルド本社のウェブサイト
https://www.childbook.co.jp/
チャイルドブックや
保育図書の情報が盛りだくさん。
どうぞご利用ください。

©Hirotomo Oomameuda, the others. 2021　Printed in Japan
ISBN 978-4-8054-0304-4
NDC376　26×21cm　128P